Rezeption deutscher Beiträge
zur Verwaltungsmodernisierung für die
Zusammenarbeit mit Entwicklungsländern

Internationale Verwaltungszusammenarbeit
Schriften der Deutschen Stiftung
für internationale Entwicklung

Band 1

ISBN 3-87061-588-5

Franz Thedieck / Joachim Müller (Hrsg.)

Rezeption deutscher Beiträge zur Verwaltungsmodernisierung für die Zusammenarbeit mit Entwicklungsländern

BERLIN VERLAG
Arno Spitz GmbH

Die Deutsche Bibliothek - CIP-Einheitsaufnahme

**Rezeption deutscher Beiträge zur Verwaltungsmodernisierung
für die Zusammenarbeit mit Entwicklungsländern** /
Franz Thedieck/Joachim Müller (Hrsg.). -
Berlin : Berlin Verl. A. Spitz, 1997
  (Internationale Verwaltungszusammenarbeit ; Bd. 1)
  ISBN 3-87061-588-5
NE: Thedieck, Franz [Hrsg.]; GT

DOK 1758 C
LT 530-301-94/96

© 1997

BERLIN VERLAG Arno Spitz GmbH
Pacelliallee 5 • 14195 Berlin

Inhaltsverzeichnis

Vorwort   7

Manfred Röber
Verwaltungsmodernisierung in Deutschland als Modell für eine neue Konzeption der deutschen Verwaltungskooperation mit Entwicklungsländern?   9

Franz Josef Pröpper
Verwaltungsmodernisierung in Berlin - das Unternehmen Verwaltung   25

Jürgen Volz
Überlegungen zu einem Führungskräftetraining als Grundvoraussetzung eines „New Public Management" in der öffentlichen Verwaltung der Bundesrepublik Deutschland   33

Tom Pätz
Reformen auf kommunaler Ebene in Lateinamerika
Die Relevanz kommunaler Steuerungsmodelle am Beispiel von Ecuador   53

Hildegard Lingnau
Neue Managementkonzepte und Verwaltungsreformen in Entwicklungsländern
Erfolgsaussichten, Erfolgsvoraussetzungen und Schlußfolgerungen für die Verwaltungszusammenarbeit mit Entwicklungsländern   73

Manfred Röber
**Inhaltliche Kernelemente des „New Public Management"
für Führungskräfte der Verwaltung
aus Entwicklungsländern
- Resümee einer Diskussion -** 85

Joachim Müller
**Grundzüge eines Schulungskonzeptes „New Public
Management" für Führungskräfte der Verwaltung
aus Entwicklungsländern
- Resümee einer Diskussion -** 89

Christoph Reichard
Verwaltungszusammenarbeit im Kontext internationaler Ansätze des „New Public Management" 99

Klaus König
**Verwaltungszusammenarbeit und „New Public
Management" - Kritische Anmerkungen aus
verwaltungswissenschaftlicher Sicht** 105

Franz Thedieck
**Verwaltungsinnovation und
Verwaltungszusammenarbeit** 113

**Ausgewählte Bibliographie zur
Verwaltungsmodernisierung** 135

Vorwort

Franz Thedieck

Seit etwa vier Jahren zeichnet sich in der deutschen Kommunalverwaltung eine breite Modernisierungswelle ab. Hohe Schuldenberge, wachsende Ausgaben und schrumpfende Einnahmen haben den Boden für eine umfassende Verwaltungsreform bereitet, deren Dreh- und Angelpunkt die Wirtschaftlichkeit des Verwaltungshandelns ist. Ansatzpunkt der Reform sind Organisations- und Personalstrukturen der öffentlichen Verwaltung, Verfahren und Verhaltensmuster.

Insbesondere mit der Einführung privatwirtschaftlicher Managementmethoden und einer teilweisen Privatisierung öffentlicher Aufgaben werden Einsparungen an Finanzmitteln und Personal, eine effektivere und effizientere Aufgabenwahrnehmung, eine höhere Qualität öffentlicher Dienstleistungen und eine Entbürokratisierung der Verwaltung angestrebt.

Für die deutsche Verwaltungszusammenarbeit stellt sich die Frage, ob und unter welchen Voraussetzungen dieses neue Thema in den internationalen Dialog aufgenommen werden kann. Eine unreflektierte Übernahme der Modernisierungsthematik würde nämlich die Akteure im Norden zu Recht dem Vorwurf aussetzen, sie wollten lediglich ihre Modelle in den Süden verlagern, ohne sich am Bedarf der Partnerländer zu orientieren.

In einem ersten Schritt wollte die DSE / ZÖV mit der hier dokumentierten Tagung Kernelemente und Leitgedanken der Verwaltungsmodernisierung in Deutschland sowie Prinzipien des „New Public Management" aufgreifen und der Frage nachgehen, welche neuen Erkenntnisse und praktische Innovationen hieraus in die internationale Verwaltungszusammenarbeit mit Entwicklungsländern eingebracht werden können.

Die Übertragung privatwirtschaftlicher Instrumente und Methoden und der ihnen zugrundeliegenden Prinzipien auf den öffentlichen Sektor wirft erhebliche Probleme auf, weil sie teilweise einschneidende Änderungen des Haushalts-, Dienst- bzw. Tarifrechts aber auch der Verwaltungsstruktur erfordert. Im Kontext von Dialog- und Trainingsmaßnahmen für Fach- und Führungskräfte aus anderen Kulturkreisen müssen deshalb Transferprobleme neuer Managementkonzepte der Verwaltung unter sozio-ökonomischen, politisch-rechtlichen und kulturellen Rahmenbedingungen berücksichtigt werden.

Die Diskussionen haben in der Tat mehr Klarheit hinsichtlich der ausgesprochenen Fragen geschaffen und Grundlagen für eine Anpassung unserer Programmarbeit geschaffen.

Danach kann grundsätzlich von einer weiteren Ökonomisierung der öffentlichen Verwaltung in Deutschland ausgegangen werden. Insbesondere ist die Verwaltung auf kommunaler Ebene von einem tiefgreifenden Wandel betroffen, neue Methoden der Budgetierung, des Verwaltungscontrolling, der Personalpolitik, kurz der Programmsteuerung sind in vielen Kommunen eingeführt oder in der Erprobungsphase. Auch auf Länderebene stellen wir einen tiefgreifenden Umbruch fest, während in der Bundesverwaltung noch eine deutliche Zurückhaltung gegenüber den Prinzipien des „New Public Management" erkennbar ist.

Die Frage nach den Auswirkungen auf die zukünftige Programmstruktur bzw. auf die Arbeit der ZÖV kann noch nicht abschließend beantwortet werden, weil hierüber zunächst ein Dialog mit potentiellen Partnerländern geführt werden muß. Dabei ist zu betonen, daß die deutsche Verwaltung in den ZÖV-Programmen nicht als Modell, sondern als Vergleichsbasis herangezogen wird; aus den Veränderungen in Deutschland allein lassen sich keine Schlußfolgerungen für den Bedarfswandel in den Entwicklungsländern ziehen.

Als konkretes Arbeitsergebnis wurde im Anschluß an die Tagung beschlossen, in Lateinamerika eine Dialogveranstaltung „Verwaltungsmodernisierung - unter besonderer Berücksichtigung kommunaler Reformen in Lateinamerika" als Testfall durchzuführen.

Aus der - gemeinsam mit Partnern aus verschiedenen Regionen durchzuführenden - Evaluierung der Veranstaltung wird dann erkennbar werden, ob und in welcher Weise Verwaltungsmodernisierung bzw. neue Steuerungsmodelle für die Situation in Entwicklungsländern relevant ist.

Abschließend möchte ich die Gelegenheit wahrnehmen, allen Kollegen und Mitarbeitern zu danken, die sich an der Konzeption, Durchführung und Dokumentation der Tagung sowie an der Weiterentwicklung des Themas beteiligt haben. Besondere Erwähnung verdienen in diesem Zusammenhang die Leistungen von Joachim Müller, Tom Pätz und Manfred Röber.

Manfred Röber

Verwaltungsmodernisierung in Deutschland als Modell für eine neue Konzeption der deutschen Verwaltungskooperation mit Entwicklungsländern?

1. Verwaltungspolitische Ausgangslage in Deutschland

Lange Zeit hatte es den Anschein, als ob die öffentliche Verwaltung in der Bundesrepublik Deutschland die in anderen europäischen Ländern angelaufenen Modernisierungsanstrengungen überhaupt nicht oder viel zu spät zur Kenntnis nehmen würde. Man schien sich auf die scheinbar bequeme Position zurückzuziehen, daß die deutsche Verwaltung solide gebaut sei und allenfalls graduell verändert werden müsse. Wenn die europäischen Nachbarn ihre Verwaltung grundlegend reformieren müssen, dann deute dies nur darauf hin, daß sie ihre „Verwaltungshäuser" am Anfang nicht richtig gebaut hätten; in Deutschland müsse man allenfalls über neue Tapeten nachdenken.

Unbestritten ist, daß sich die Solidität der deutschen „Verwaltungsbauweise" auf den hohen Stand der Rechtsstaatlichkeit des Verwaltungshandelns gründet - eine Tugend, die weltweit anerkannt wird und die im eigenen Lande für selbstverständlich gehalten wird, ohne daß man sich ihres Wertes immer bewußt zu sein scheint. Mit der kontinuierlich wachsenden Bedeutung von Dienstleistungs- sowie Planungs- und Gestaltungsaufgaben, deren Anteil an den öffentlichen Aufgaben im Vergleich zu den Ordnungsaufgaben immer größer geworden ist, sind allerdings die Zweifel an der Leistungsfähigkeit der klassischen Bürokratie gewachsen. Die traditionellen Verwaltungsstrukturen, die gemäß dem Weberschen Idealtypus der Bürokratie für Ordnungsaufgaben konzipiert wurden, sind zwar nach wie vor geeignet, Ordnungsaufgaben korrekt zu erfüllen. Sie sind aber immer weniger in der Lage, Dienstleistungen zu vertretbaren Kosten so zu erbringen, wie die Bürger dies von erfolgreichen privaten Unternehmungen gewohnt sind. Sie sind auch nicht mehr in der Lage, komplexe Planungsprojekte in vertretbaren Zeiträumen zu realisieren. Die Folge hiervon sind hohe Kosten und zum Teil auch Legitimationsdefizite im politisch-administrativen Handeln.

Solange die anderen gesellschaftlichen Teilsysteme willens und in der Lage gewesen sind, ein solches System zu finanzieren und zu akzeptieren, hielt sich der Unmut über dessen Ineffizienz und Ineffektivität in Grenzen. Gegen Ende der achtziger Jahre ließen diese Bereitschaft angesichts gewandelter Werte und diese Fähigkeit angesichts gestiegener finanzieller Belastungen der Bürger jedoch nach. Die Kritik an der bundesrepublikanischen Bürokratie wurde stärker. Vor dem Hintergrund der mit der Vereinigung verbundenen Fragen und Probleme trat diese Kritik allerdings für eine Weile in den Hintergrund. Statt dessen wurde das alte bundesrepublikanische Modell, das von vielen vor der Vereinigung schon als Auslaufmodell gehandelt wurde, angesichts des gravierenden Handlungsbedarfs in den neuen Bundesländern zur Vorlage für den administrativen Umbau benutzt, weil es von den politischen und verwaltungspolitischen Entscheidern in Ostdeutschland als bewährtes und zuverlässiges System betrachtet wurde, welches zumindest Rechtssicherheit und Handlungsmöglichkeiten in einer Übergangssituation bot, in der nahezu alle anderen Handlungs- und Entscheidungsroutinen nicht mehr genutzt werden konnten.[1] Die von einigen in diesem Zusammenhang gehegten Hoffnungen, dieses Modell damit allen weiteren kritischen Diskussionen entziehen zu können, weil es seine Bewährungsprobe angeblich beeindruckend bestanden habe, mußten sich allerdings als Illusion erweisen.

Spätestens seit dem Zeitpunkt, als sich die Verwaltungsentwicklung in den neuen Bundesländern normalisierte, sind die Defizite der traditionellen Verwaltungsorganisation wieder sichtbar geworden. Seither ist die Enttäuschung darüber gewachsen, daß trotz aller Vorteile, die mit der Übernahme des „altbundesrepublikanischen" Modells verbunden waren, eine Chance zur frühzeitigen Modernisierung der Verwaltung in den neuen Bundesländern verpaßt worden ist, die ihrerseits der Verwaltungsreformdebatte in der alten Bundesrepublik neue Impulse hätte geben können. Überdies hat sich gezeigt, daß die Übertragung von Strukturen,

---

[1] Vgl. *C. Reichard und M. Röber*: Was kommt nach der Einheit? Die öffentliche Verwaltung in der ehemaligen DDR zwischen Blaupause und Reform. In: *G.-J. Glaeßner*: Der lange Weg zur Einheit. Berlin 1993, S. 215-245.

die sich in einem anderen Kontext entwickelt und bewährt haben, unter anderen Rahmenbedingungen nicht die Wirkungen entfalten können, die man sich von ihnen erhofft hat (Grenzen des „Blaupausen-Ansatzes"). Im selben Maße, wie die Defizite des klassischen bürokratischen Modells immer stärker wahrgenommen werden, wächst die Bereitschaft, über neue Verwaltungsmodelle nachzudenken.

Auslöser der aktuellen bundesrepublikanischen Diskussion über Verwaltungsmodernisierung ist zweifelsohne die immer prekärer werdende Lage der öffentlichen Haushalte gewesen. Angesichts des zunehmenden finanziellen Drucks haben vor allem immer mehr Kommunen begonnen, über eine Reorganisation ihrer Verwaltung mit dem Ziel nachzudenken, die Verwaltung effizienter, effektiver, transparenter und bürgernäher zu gestalten. Auch auf der Ebene der Bundesländer scheint - wie an den Aktivitäten der Landesregierung Baden-Württembergs[2] und dem ambitionierten Verwaltungsreformprojekt „Unternehmen Verwaltung" in Berlin[3] exemplarisch zu sehen ist - einige Bewegung in die Modernisierungsdiskussion gekommen zu sein. Lediglich auf der Bundesebene tut man sich mit Entscheidungen über unausweichlich scheinende Veränderungen noch ziemlich schwer, wie die vom Bundesminister des Innern vor einiger Zeit veröffentlichten „Eckpunkte einer Reform des öffentlichen Dienstrechts" vom 12.4.1995 gezeigt haben, die allenfalls kosmetische Korrekturen am bestehenden System des öffentlichen Dienstes enthalten - wobei man aber erläuternd hinzufügen muß, daß der Handlungsdruck auf der Bundesebene bislang ungleich geringer gewesen ist als der auf der kommunalen Ebene und daß in allen Staaten, auch denen, die zu den Pionieren der Verwaltungsmodernisierung gehören, konsistente Reformansätze auf der gesamtstaatlichen Ebene noch nicht entwickelt worden sind.

---

[2] Vgl. *E. Klotz und S. Mauch*: Personalmanagement in Baden-Württemberg. Die Implementierung einer Konzeption in der Landesverwaltung. In: Verwaltungsführung / Organisation / Personal (VOP) 1994, S. 232-238, 336-346, und 1995, S. 28-31, 116-119, 179-181, 210-220.

[3] Siehe *M. Röber*: Eine neue Verwaltung für die Hauptstadt? Verwaltungsreform in Berlin zwischen Anspruch und Wirklichkeit. In: *W. Süß* (Hrsg.): Hauptstadt BERLIN. Band 3: Metropole im Umbruch. Berlin 1996 (im Druck).

2. Elemente der Verwaltungsmodernisierung in Deutschland

Bevor die Implikationen des New Public Managment für das Konzept der deutschen Verwaltungskooperation analysiert und diskutiert werden können, sollen zunächst die wesentlichen Elemente skizziert werden, die diesen Ansatz einer betriebswirtschaftlich orientierten Modernisierung der öffentlichen Verwaltung konstituieren. In der deutschen Debatte haben sich von den Grundüberlegungen der Kommunalen Gemeinschaftsstelle (KGSt) ausgehend im wesentlichen folgende Themen als „Reformmodule" herauskristallisiert[4]:

- *Konzern-ähnliche Holding-Strukturen*

  - *Klar abgegrenzte Verantwortlichkeiten von Politik und Verwaltung:* Angesichts der häufig kritisierten Vermischung von politischen und administrativen Verantwortlichkeiten - die sich darin äußern, daß Beamte parteipolitische Manöver durchführen und Politiker in Parlamenten und Gemeinderäten mit einzelnen Interventionen in Verwaltungsabläufe eingreifen - wird für eine klarere Trennung von Politik und Verwaltung plädiert. Ratsmitglieder sollen über allgemeine Strategien, politische Prioritäten, Ziele, Qualitätsstandards und eine angemessene Ausstattung mit Ressourcen entscheiden, und sie sollen die Verwaltung nach strategisch-politischen Entscheidungskriterien an der langen Leine steuern und kontrollieren. Die Verwaltung verfügt über die volle Entscheidungskompetenz über ihre Ressourcen (Personal und Finanzen), sie ist verantwortlich für die Umsetzung der Programme auf der Grundlage der vom Rat be-

---

[4] Vgl. zu den folgenden Ausführungen auch *KGSt*: Das neue Steuerungsmodell: Begründung, Konturen, Umsetzung. KGSt-Bericht 5/1993; siehe auch *G. Banner*: Von der Behörde zum Dienstleistungsunternehmen. In: Verwaltungsführung / Organisation / Personal (VOP) 1991, S. 6-11; *G. Banner*: Neue Trends im kommunalen Management. In: Verwaltungsführung / Organisation / Personal (VOP) 1994, S. 5-12; *KGSt*: Dezentrale Ressourcenverantwortung: Überlegungen zu einem neuen Steuerungsmodell. KGSt-Bericht 12/1991; *M. Röber*: Towards Public Managers in Germany? In: *J. Barlow / D. Farnham / S. Horton / A. Hondeghem/*: The New Public Managers in Europe: Public Servants in Transition. London 1996 (im Druck).

schlossenen Strategien und Ziele, und sie hat dem Rat regelmäßig über den Fortgang und die Umsetzung der Programme zu berichten.

- *Kontrakt-Management*: Die Grundidee des Kontraktmanagements besteht darin, daß zwischen dem Rat und der Verwaltungsleitung Kontrakte über die von der Verwaltung zu erbringenden Leistungen und das dafür zur Verfügung gestellte Budget geschlossen werden. Hinsichtlich der Leistungen muß es Vereinbarungen über die Menge, den Preis, die Kosten, die Qualität und die Zielgruppen geben, für die die Leistungen zu erbringen sind. Ähnliche Vereinbarungen sollen zwischen der Verwaltungsleitung und den einzelnen Facheinheiten geschlossen werden. Bei den Kontrakten handelt es sich im wesentlichen um Zielvereinbarungen, die nicht im strikt rechtlichen Sinne als Verträge interpretiert werden dürfen.

- *Dezentrale Fach- und Ressourcenverantwortung*: Auf der Basis des Kontraktmanagements mit seinen klar definierten Zielen, Qualitätsstandards und den für die Aufgabenerfüllung erforderlichen Budgets ist jede Abteilung für alle management-relevanten Aspekte ihres Handelns selbst verantwortlich (z.B. Organisation, Personalplanung, Datenverarbeitung, Kostenrechnung, Abweichungsanalysen, Berichtswesen). Statt getrennter Fach- und Ressourcenverantwortung - des von Gerhard Banner als „organisierte Unverantwortlichkeit" apostrophierten Systems - hätten wir ein System, in dem die zu erledigende Aufgabe, die Kompetenz für Aufgabenerledigung und Ressourcenentscheidungen sowie die Verantwortung für die getroffenen Entscheidungen kongruent wären. Dieses Kongruenzprinzip ist nach Möglichkeit auf jeder Hierarchieebene einer Abteilung zu praktizieren. Es ist zu erwarten, daß dieses Prinzip zu mehr Transparenz als das herkömmliche bürokratische System mit seinen zum Teil sehr unübersichtlichen Zuständigkeiten und Verantwortlichkeiten führen wird.

- *Zentrale Steuerungsdienste:* Die in der öffentlichen Verwaltung traditionell starken für Haushalt und Personal zuständigen Querschnittseinheiten werden einen Teil ihrer bisherigen Macht verlieren, weil sie mit den bei ihnen konzentrierten Entscheidungskompetenzen den Zentralisierungsgrad von Entscheidungen in der Verwaltung erhöht und damit maßgeblich zu ineffizienten und ineffektiven bürokratischen Prozeduren beigetragen haben. Vorgesehen ist ein neuer Typ von Zentraleinheit, die direkt der Leitung der Behörde zugeordnet ist und die als relativ kleine Controlling-Einheit fungiert. Ihre Aufgaben wären der Stabsstelle der Holding im Tilburg-Modell ähnlich, die die politisch-administrativen Entscheider unterstützt, die Standards für die Aufgabenerledigung entwickelt, die die Arbeiten der Facheinheiten koordiniert, die das Planungs- und Controlling-System weiterentwickelt und die die Arbeitsergebnisse der Facheinheiten zu einem Gesamtergebnis integriert.[5]

- *Outputsteuerung statt Inputsteuerung*
  - *Produktdefinitionen*: Eine Schlüsselgröße output-orientierten Verwaltungsmanagements besteht darin, die unübersichtliche Vielzahl der einzelnen Verwaltungsleistungen zu inhaltlich ähnlichen und leichter überschaubaren „Produkten", „Produktgruppen" und „Produktbereichen" zusammenzufassen. Die Produkte sind nach Quantität, Qualität, Zielgruppe und Kosten zu spezifizieren. Außerdem muß deutlich werden, in welchem Zusammenhang das jeweilige Produkt mit den von der Politik formulierten Zielen steht.
  - *Integration der Produkte in eine Kosten- und Leistungsrechnung in Verbindung mit Globalbudgets:* Die klassische jährliche Haushaltsplanung mit der ihr immanenten Fortschreibungsmentalität und mit ihrer geringen politischen und ökonomischen Aussagekraft gehört zu den besonders markanten Beispielen einer input-orientierten Steuerung des Verwaltungshandelns. Auf der Grundlage der Produktdefinitionen wird es einen Wandel von einer input- zu einer output-orientierten Budgetierung geben. Eine solche Budgetierung ist unabdingbar, wenn moderne Kostenrechnungssysteme eingeführt und wenn jeder Organisationseinheit (Abteilung, Referat, Amt etc.) mehr Entscheidungskompetenzen über ihre Ressourcen in Form von Globalbudgets zugestanden werden.
  - *Qualitätsmanagement:* Im Vergleich zu anderen Ländern ist die Ausrichtung des Verwaltungsdenkens und -handelns in der Bundesrepublik Deutschland auf die Bedürfnisse des Bürgers bzw. des Verwaltungskunden noch relativ schwach. Umfassende Ansätze wie die Citizen's Charter in Großbritannien[6] gibt es nicht; der Schwerpunkt

---

[5] Siehe *A.P.M. Schrijvers*: The management of a larger town. In: Public Administration 1993, S. 595-603.

[6] Vgl. *Cm 1599*: Raising the standard: the Citizen's Charter. London 1991.

der deutschen Modernisierungsbemühungen liegt bislang darauf, die Binnenstruktur der öffentlichen Verwaltung zu verbessern. Mittlerweile geht es aber auch in der Bundesrepublik Deutschland stärker darum, systematisch zu erkunden, was Bürger und Unternehmungen von kommunalen und staatlichen Leistungen erwarten. Zu den hierfür verwendeten Instrumenten gehören z.b. regelmäßige Befragungen, Auswertungen von Bürgerbeschwerden, Verbesserungsvorschläge und Qualitätszirkel.[7]

- *Wettbewerb*

Nach den bisherigen Erfahrungen scheinen diese Elemente des New Public Management oder des neuen Steuerungsmodells nur dann ihre volle Wirkung entfalten zu können, wenn es gelingt, ein Wettbewerbssystem für öffentliche Institutionen zu schaffen. Im Vergleich zu anderen Staaten, in denen solche Rahmenbedingungen (bis hin zum compulsary competitive tendering in Großbritannien) geschaffen wurden, spielt die Wettbewerbsorientierung in der deutschen Verwaltung noch eine untergeordnete Rolle. In dem Moment, wo immer mehr Verwaltungsaufgaben dem Wettbewerbsdruck ausgesetzt werden (und sei es allein durch die Drohung, solche Aufgaben zu privatisieren), gewinnen betriebswirtschaftliche Instrumente für die öffentliche Verwaltung eine völlig neue Bedeutung. Die entscheidende Ursache für die gestiegene Attraktivität betriebswirtschaftlicher Konzepte scheint demzufolge in dem Siegeszug zu liegen, den das Wettbewerbsmodell auch im öffentlichen Sektor angetreten hat. Wenn die Ineffizienzen im öffentlichen Sektor nicht über die klassischen politischen Steuerungsinstrumente abgebaut werden können, sondern durch diese im Gegenteil noch verstärkt werden, dann liegt es nahe, wettbewerbsmäßige Rahmenbedingungen zu institutionalisieren, welche

---

[7] Siehe *KGSt*: Das neue Steuerungsmodell, a.a.O.; vgl. zur allgemeinen Diskussion über Qualitätsmanagement und einige darüber hinausgehende Überlegungen zur Bürgerbeteiligung in Deutschland *Bertelsmann Foundation*: Democracy and Efficiency in Local Government. Volume I: Documentation of the International Research. Gütersloh 1993; *H. Hill und H. Klages* (Hrsg.): Spitzenverwaltungen im Wettbewerb. Eine Dokumentation des 1. Speyerer Qualitätswettbewerbs. Baden-Baden 1993; *H. Hill und H. Klages* (Hrsg.): Qualitäts- und erfolgsorientiertes Verwaltungsmanagement. Aktuelle Tendenzen und Entwürfe. Berlin 1993.

wirtschaftliches Verhalten belohnen und unwirtschaftliches Verhalten bestrafen. Das heißt, daß überall dort, wo öffentliche Institutionen mit anderen Institutionen konkurrieren, nach Spielregeln des Wettbewerbs (und nicht nach denen des obrigkeitlich-kameralistischen Staates) verfahren werden kann, und daß überall dort, wo solche Bedingungen nicht existieren, zumindest sogenannte Wettbewerbssurrogate wie Quasi-Märkte oder Leistungsvergleiche institutionalisiert werden können.[8]

Insgesamt handelt es sich bei den Versuchen, die deutsche Verwaltung zu modernisieren, allerdings nicht um ein konsistentes, in sich kohärentes Konzept. Hinter dem Begriff der Verwaltungsmodernisierung verbergen sich zum Teil noch sehr unterschiedliche Vorstellungen, wie die Verwaltung effizienter, effektiver, transparenter und bürgernäher gestaltet werden kann. Trotz der von der KGSt mit ihren Berichten vorgezeichneten Grundlinie der Verwaltungsmodernisierung auf der kommunalen Ebene gibt es eine Reihe von unterschiedlichen Reformprojekten, die in den einzelnen Kommunen selbst entwickelt werden und die sich zum Teil beträchtlich voneinander unterscheiden.[9]

3. Verwaltungsmodernisierung im Kontext der internationalen Verwaltungskooperation

Auch in der internationalen Debatte über New Public Management gibt es eine Vielzahl von Konzepten und Überlegungen[10], die zum Teil ganz

---

[8] Vgl. als interessanten Versuch, solche „league tables on best practice" zu entwickeln: *Rechnungshof Baden-Württemberg*: Erfolgreiche Behörden, eine empirische Untersuchung über Erfolgskriterien. April 1994.

[9] Vgl. als Überblick *C. Reichard*: Umdenken im Rathaus. Neue Steuerungsmodelle in der deutschen Kommunalverwaltung. Berlin 1994.

[10] Vgl. *C. Reichard*: Internationale Trends im kommunalen Management. In: *G. Banner und C. Reichard* (Hrsg.): Kommunale Managementkonzepte in Europa. Anregungen für die deutsche Reformdiskussion. Köln 1993, S. 3-24.

unterschiedliche Schwerpunkte setzen und die sich von ihrem Grundansatz teilweise sogar konträr gegenüberstehen. Allein die Tatsache, daß politisch so unterschiedliche Regierungen wie die der Konservativen in Großbritannien und die der Sozialdemokraten in Neuseeland sich scheinbar auf dasselbe Konzept bei der Modernisierung ihres öffentlichen Sektors beziehen, muß Zweifel an der Kohärenz des Ansatzes aufkommen lassen. Daß es nicht mehr darum gehen soll, ob „linke" oder „rechte" Modernisierer am Werke sind, und statt dessen nur danach gefragt werden soll, ob es „gute" oder „schlechte" Modernisierungskonzepte gibt, scheint etwas realitätsfremd, weil die öffentliche Verwaltung immer von politischen Werten und Wertungen durchsetzt sein und ein Instrument in den Händen der (Partei-)Politik bleiben wird.[11] Bei einer näheren Prüfung unterschiedlicher Reformstrategien kristallisieren sich deshalb auch zwei unterschiedliche Konzeptionen heraus, die unter den Ausdruck „New Public Management" subsumiert werden[12]:

- Bei der einen Konzeption geht es darum, den Primat der Politik zu betonen und zu stärken und über eine Stärkung zentralstaatlicher Koordination und Kontrolle zu mehr Effektivität und Effizienz zu gelangen.

- Bei der zweiten Konzeption geht es hingegen darum, ein Managementsystem zu entwickeln, mit dem der öffentliche Sektor über eine stärkere Dezentralisation, Deregulierung und Delegation arbeitsfähiger gemacht werden soll.

Beide Konzeptionen bedienen sich allerdings der zuvor mittlerweile auch für die deutsche Diskussion als wesentlich identifizierten Komponenten, so daß diese durchaus als Kernelemente oder Bausteine einer ökonomisch orientierten Modernisierung des öffentlichen Sektors angesehen werden können. Dies deutet darauf hin, daß sich die deutsche Diskussion dem „main stream" der Verwaltungsmodernisierung angenähert hat und daß

---

[11] Vgl. *G.E. Caiden*: Administrative Reform - American Style. In: Public Administration Review 1994, S. 123-128; *A. Gray und B. Jenkins*: From Public Administration to Public Management: Reassessing a Revolution? In: Public Administration 1995, S. 75-99; *R.C. Moe*: The „Reinventing Government" Exercise: Misinterpreting the Problem, Misjudging the Consequences. In: Public Administration Review 1994, S. 111-122.

[12] *P. Aucoin*: Administrative Reform in Public Management: Paradigms, Principles, Paradoxes and Pendulums. In: Governance 1990, S. 115-137.

die öffentliche Verwaltung der Bundesrepublik Deutschland damit Anschluß an internationale Entwicklungen gefunden hat. Manche Beobachter meinen allerdings, daß die deutsche Verwaltung im Vergleich zu anderen Staaten zu spät in Bewegung geraten ist und und deshalb immer noch einen nicht unbeträchtlichen Modernisierungsrückstand aufweise, der sich im internationalen Wettbewerb negativ auf den Standort 'Deutschland' auswirken könne.

Wenn diese Erkenntnis richtig ist, dann hätte die verpaßte oder verspätete Modernisierung nicht nur Konsequenzen für den Standort 'Deutschland', sondern auch gravierende Folgen für die Verwaltungszusammenarbeit mit Entwicklungsländern. Die große Attraktivität des deutschen Verwaltungsmodells könnte in diesen Ländern sinken, falls sich die Modernisierungskonzepte anderer Länder als erfolgreich erweisen sollten und sich in den Entwicklungsländern die Auffassung durchsetzen sollte, daß es sich bei der deutschen Verwaltung um ein überholtes Modell - also praktisch um ein Auslaufmodell - handelt. Selbst mehr oder weniger erfolgreiche Versuche, den Modernisierungsrückstand aufzuholen, würden - soweit die Verwaltungszusammenarbeit betroffen ist - nicht von großem Erfolg gekrönt sein, weil sich die Partner in der Dritten Welt, wenn sie New Public Management als ein für ihre Verwaltungen angemessenes Konzept betrachten, eher in den Ländern umschauen werden, die dieses Konzept originär entwickelt und umfassende Erfahrungen mit der Umsetzung dieses Modells gesammelt haben.

Ob die Debatte über Verwaltungsmodernisierung, die in den entwickelten und mit einem stabilen System von Institutionen ausgestatteten Industriegesellschaften geführt wird, und die daraus abgeleiteten Konzepte für die Staaten der Dritten Welt allerdings von ähnlich großer Bedeutung wie für die Industriegesellschaften sind, gehört zu den näher zu untersuchenden Fragen. Der Diskussion über eine moderne öffentliche Verwaltung in den entwickelten Industriegesellschaften liegt die Befürchtung zugrunde, daß die immer weiter zunehmende Immobilität des Staates Züge des von Parkinson satirisch aufgezeigten Syndroms aufweise und daß es darauf ankomme, im öffentlichen Sektor den Übergang von der „Parkinsonschen Krankheit" zur bürokratischen Alzheimerschen Krankheit zu verhindern. Auf der anderen Seite wird von vielen aber auch befürchtet, daß die dem öffentlichen Sektor verordnete „Schlankheitskur" in „Magersucht" umschlagen könne, die letztlich katastrophale Folgen für das Gemeinwesen haben müßte. Diejenigen, die auf eine Modernisierung des Staates setzen, betonen hingegen, daß es im wesentlichen auf eine „gesunde Ernährung" ankomme, das heißt, den Staat so leistungsfähig zu machen, daß er die im Interesse der gesellschaftlichen Entwicklung wahrzunehmenden Aufgaben und Funktionen wirkungsvoll erfüllen kann.

Die Frage der Verwaltungsmodernisierung könnte sich im Kontext der Entwicklungsländer unter Umständen aber ganz anders stellen. Die Diskussion über die möglichen Auswirkungen von New Public Management auf die Verwaltungskooperation muß zunächst im Zusammenhang mit der Erkenntnis gesehen werden, daß die Hoffnungen, die in den Staat als Motor der Entwicklung gesetzt worden sind, enttäuscht wurden. Nach einer relativ langen Periode, in der Entwicklung nur durch den Staat induziert und organisiert vorstellbar schien, sind die mit einem solchen Entwicklungsmodell verbundenen Defizite so offenkundig geworden, daß der Staat in den meisten Entwicklungsländern spätestens ab Anfang der achtziger Jahre als ein immer größeres Entwicklungshemmnis betrachtet worden ist. In vielen Ländern - insbesondere in Afrika - haben die staatlichen Dysfunktionen ein Ausmaß erreicht, das auch noch die letzten Elemente eines ohnehin nur sehr spärlich ausgeprägten Gesellschaftsvertrages zerstört und das Reste von Stabilität und staatlicher Grundversorgung gefährdet hat. Mit der Modernisierung des Staates könnte diese Grundversorgung auf der Basis einer leistungsfähigeren Staatsorganisation gesichert und der Staat sogar in die Lage versetzt werden, seine Funktion als Entwicklungsmotor wirkungsvoll wahrzunehmen. In diesem Sinne sind die konzeptionellen Vorstellungen der Weltbank zum „Good Governance" und die Strukturanpassungsprogramme (SAP) interpretiert worden, in denen mit dem Papier zu „Governance and Development" vom April 1992 und dem Weltentwicklungsbericht 1983 ein größeres Gewicht auf Fragen des 'Entwicklungsmanagements' gelegt wird.[13] In seiner detaillierten Analyse der Dokumente und der Politik der Weltbank

---

[13] Siehe z.B. *K. Kirchhoff*: Stand der Verwaltungsförderung zur Unterstützung besserer Rahmenbedingungen - Erfahrungen mit dem Sektorpapier 'Verwaltungsförderung': Zwischenbilanz nach zehn Jahren und Zukunftsperspektiven. In: *R. Pitschas* (Hrsg.): Zukunftsperspektiven der Verwaltungszusammenarbeit. Erstes Werkstattgespräch zur Verwaltungsförderung. München / Berlin 1993, S. 27; vgl. auch *C. Reichard*: Institutionenentwicklung als Querschnittsaufgabe der Entwicklungszusammenarbeit - Anregungen zur Fortschreibung des Sektorpapiers 'Verwaltungsförderung'. In: *R. Pitschas* (Hrsg.): Zukunftsperspektiven der Verwaltungszusammenarbeit, a.a.O., S. 49.

kommt Illy allerdings zu dem Ergebnis, „daß die angestrebten institutionellen Reformen innerhalb der SAPs nicht den Stellenwert erhielten, der ihnen von ihrer Komplexität her hätte zukommen müssen, ... daß die institutionellen Komponenten der Strukturanpassungsprogramme offensichtlich in ihrer Komplexität unterschätzt worden sind und daß ... deshalb das Reformziel nicht erreicht werden konnte".[14] Darüber hinaus zeigen Illys Analysen, daß die Politik der Weltbank in der Praxis nicht auf das Modell eines Entwicklungsstaates, sondern auf das eines Minimalstaates hinausgelaufen sind[15], in dem der Staat auf seine Kernfunktionen „rückgebaut" wird und ein politisch problematisches Vakuum hinterläßt - wobei die Auffassungen darüber, woraus dieser „Kern" eigentlich bestehen soll, zum Teil sehr stark divergieren.

Auf der anderen Seite kann allerdings auch die Frage gestellt werden, ob der Rückbau des Staates überhaupt irgendwelche negativen Wirkungen habe, weil er in vielen Fällen gar nicht mehr in der Lage gewesen ist, wohlfahrtsstaatliche Mindeststandards zu sichern, und weil er als „kleptokratischer Kommandostaat"[16] ohnehin nur drückend auf der Gesellschaft gelastet hat. In diesem Falle würde sich die in den Industriestaaten diskutierte Alternative - nach der die Modernisierung des öffentlichen Sektors eine Möglichkeit ist, radikale Konzepte des am Modell des minimalistischen Staates orientierten Staatsabbaus zu verhindern - für viele der Entwicklungsländer in der Form überhaupt nicht stellen, weil es den Staat mit seinen für entwickelte Industriegesellschaften typischen Leistungen in vielen Ländern der Dritten Welt gar nicht gibt.

---

[14] *H.F. Illy*: Strukturanpassungsprogramme und institutionelle Reformen in Afrika - stumpfe Waffen der Weltbank? In: *W.A.S. Koch* (Hrsg.): Ökonomische Aspekte der Demokratisierung in Afrika. München, Köln, London 1994, S. 98.

[15] Siehe hierzu *H.F. Illy*: Soziale und politische Dimensionen der Strukturanpassung in Afrika - die Weltbank und ihr Implementationsdefizit. Aktuelle Informations-Papiere zu Entwicklung und Politik Nr. 18, Arnold-Bergstraesser-Institut. Freiburg 1994.

[16] Vgl. den Beitrag von *H. Lingnau* in diesem Band.

4. Schlußfolgerungen für die konzeptionelle Diskussion der deutschen Verwaltungskooperation mit Entwicklungsländern

Vor diesem Hintergrund ist die Frage zu sehen, wie mit dem Thema „New Public Management" in der Verwaltungszusammenarbeit umgegangen werden soll. Zwischen der Möglichkeit, sich weiterhin auf die klassischen Stärken der deutschen Verwaltung - ihre Rechtssicherheit und Berechenbarkeit - zu konzentrieren, und der Möglichkeit, die deutschen Programme der Verwaltungszusammenarbeit auf das Konzept des New Public Management auszurichten, bietet sich eine Reihe von Optionen an, die zwischen diesen beiden Möglichkeiten liegen. Unabhängig davon, wie man zur Frage einer sehr stark ökonomisch orientierten Verwaltungsmodernisierung inhaltlich im einzelnen steht, scheinen alle an dieser Diskussion Beteiligten darin übereinzustimmen, daß die deutsche öffentliche Verwaltung vor großen Herausforderungen steht und sich verändern wird. Eine Fortführung der in der Vergangenheit konzipierten Programme der deutschen Verwaltungskooperation, die weitgehend auf dem traditionellen System der öffentlichen Verwaltung basieren, wird deshalb wahrscheinlich nicht möglich sein. Hierauf deutet z.B. auch die Tatsache hin, daß das Sektorpapier zur Verwaltungsförderung, das im Jahre 1982 entstanden ist[17] und das in der Vergangenheit eine gewisse Leitbildfunktion für die BeHandlung von Verwaltungsthemen im Rahmen der Entwicklungspolitik hatte, auf Anregung des Bundesministeriums für wirtschaftliche Zusammenarbeit fortgeschrieben wird. Insofern ist der Zeitpunkt günstig, die konzeptionellen Grundlinien der Verwaltungskooperation zu überdenken und gegebenenfalls Schlußfolgerungen für das deutsche Konzept der Verwaltungskooperation zu ziehen. Eine vorausschauende Politik der Verwaltungskooperation wird sich mit den Implikationen der aktuellen Modernisierungsdebatte beschäftigen müssen, wenn sie nicht eines Tages von der Entwicklung überrollt werden will. Ob allerdings die im Zusammenhang mit dem New Public Management genährten Hoffnungen so groß und so realistisch sind, daß mehr oder weniger bewährte Konzepte der deutschen Verwaltungskooperation über Bord geworfen werden sollten, bedarf sicherlich einer näheren Prüfung.

---

[17] *Bundesministerium für wirtschaftliche Zusammenarbeit, Referat 221*: Sektorpapier VERWALTUNGSFÖRDERUNG, Bonn, 29.12.1982.

Die von der Zentralstelle für öffentliche Verwaltung (ZÖV) der Deutschen Stiftung für internatinale Entwicklung angeregte und am 24./25.11.1994 veranstaltete Tagung "Rezeption deutscher Beiträge zur Verwaltungsmodernisierung für die Zusammenarbeit mit Entwicklungsländern" sollte erste Anstöße geben, sich mit diesen Fragen intensiver zu beschäftigen. Sie sollte als Startschuß für eine Diskussion dienen, in der zunächst Fragen im Zusammenhang mit Konzepten der Verwaltungsmodernisierung gestellt werden sollten und von der noch keine fertigen Ergebnisse erwartet werden konnten.

Das Programm der Tagung sah so aus, daß zunächst ein Beispiel der deutschen Modernisierungsdebatte vorgestellt wurde. Dabei wurde mit dem Beitrag von Franz Josef Pröpper auf das zur Zeit wohl ambitionierteste Projekt zur Modernisierung der Verwaltung zurückgegriffen - das 'Unternehmen Verwaltung Berlin', das darauf gerichtet ist, die als besonders verkrustet geltende öffentliche Verwaltung Berlins zu reformieren. Da Reformprojekte, die auf Strukturveränderungen ausgerichtet sind, - nach allen Erfahrungen, die mit Reorganisationen in Unternehmungen und Verwaltungen gesammelt worden sind - auch in den Köpfen der Beschäftigten mitvollzogen werden müssen, geht es in solchen Projekten auch darum, die Verwaltungskultur zu verändern. In solchen Wandlungsprozessen kommt den Führungskräften eine besondere Bedeutung zu; sie sind die „culture carriers", deren Wissen um die Notwendigkeit von Veränderungen und deren Willen, die notwendigen Reorganisationen zu befördern, für einen erfolgreichen Verlauf eines Reformprozesses mitentscheidend sind. Im Beitrag von Jürgen Volz wird deshalb über Fortbildungskonzepte zum Führungstraining als Grundvoraussetzung für neue Managementkonzepte in der öffentlichen Verwaltung berichtet.

Von dem deutschen Reformbeispiel ausgehend wurde dann mit den Beiträgen von Tom Pätz über „Reformen auf kommunaler Ebene in Lateinamerika" und Hildegard Lingnau über „Neue Managementkonzepte und Verwaltungsreformen in Entwicklungsländern", in dem sie auf ihre Erfahrungen aus Ländern Afrikas südlich der Sahara Bezug nimmt, der Bogen zur entwicklungspolitischen Diskussion geschlagen. Das Bestreben war hier, Konzepte und Beispiele zu diskutieren, mit denen die Möglichkeiten und Grenzen sowie die Chancen und Risiken einer stärkeren Integration des Modernisierungsthemas in die Verwaltungszusammenarbeit verdeutlicht werden können.

Im Anschluß an die Plenarveranstaltung wurden die Konsequenzen der New Public Management-Diskussion für die Verwaltungszusammenarbeit mit Entwicklungsländern in zwei Arbeitsgruppen diskutiert. Die eine Arbeitsgruppe, deren Beratungen ich zusammengefaßt habe, sollte sich mit den inhaltlichen Kernelementen des 'New Public Management' beschäftigen und prüfen, welche dieser Elemente möglicherweise als Bausteine für ein neues Konzept der deutschen Verwaltungskooperation verwendet werden können. Die andere Arbeitsgruppe, deren Diskussionen Joachim Müller resümiert hat, sollte sich mit der Frage befassen, welche Konsequenzen sich aus einer möglicherweise stärkeren Integration von Elementen des New Public Management in das deutsche Konzept der Verwaltungskooperation für zukünftige Schulungskonzepte für Führungskräfte der Verwaltung aus Entwicklungsländern ergeben können.

Mit den Stellungnahmen von Christoph Reichard „Verwaltungszusammenarbeit im Kontext internationaler Ansätze des 'New Public Management'" und von Klaus König „Verwaltungszusammenarbeit und 'New Public Management' - Kritische Anmerkungen aus verwaltungswissenschaftlicher Sicht" sollten die Beiträge der Tagung schließlich aus unterschiedlichen Perspektiven in Zusammenhänge eingeordnet werden, die Perspektiven für die weitere Diskussion des Themas „Verwaltungsmodernisierung und Entwicklung" aufzeigen. In diesem Lichte ist Franz Thediecks Beitrag zu sehen, der darauf gerichtet ist, die umfangreichen Erfahrungen der ZÖV und die vielfältigen Anregungen der Tagung vor dem Hintergrund der deutschen Diskussion über Verwaltungsmodernisierung zu weiterführenden Überlegungen für eine neue Konzeption der deutschen Verwaltungskooperation zusammenzufassen.

Franz Josef Pröpper

Verwaltungsmodernisierung in Berlin - das Unternehmen Verwaltung

1. Reformnotwendigkeiten im öffentlichen Sektor

Im öffentlichen Sektor werden, entgegen seinem weitgehend negativen Image, umfassende und beachtenswerte Leistungen erbracht. Er kann und darf sich jedoch nicht auf den erreichten Stand beschränken, sondern muß, wie auch der private Sektor, zur Innovation und Anpassung an die sich ändernden gesellschaftlichen Rahmenbedingungen fähig sein. Im einzelnen bedeutet das heute:

1.1. Erweiterung von Eigenverantwortung

Auf allen Ebenen der Verwaltung muß die Eigenverantwortung ausgebaut werden. Wesentliche Elemente sind hierbei die Schaffung von größeren Entscheidungsspielräumen für die Mitarbeiter durch die Reduzierung oder teilweise völlige Abschaffung von Vorschriften, die Verlagerung von Entscheidungsbefugnissen nach unten und die Verbindung von Mitteleinsatz und Aufgabenverantwortung. Das kann z.B. durch die Einrichtung von selbständigen Organisationseinheiten, den sogenannten Leistungs- und Verantwortungszentren geschehen.

1.2. Primat der Ergebniskontrolle

Zukünftig muß das Verwaltungshandeln von dem erzielbaren Ergebnis bestimmt werden. Voraussetzung dafür ist eine Vereinbarung von Zielen, mit gleichzeitig größerem Ermessensspielraum bei der Wahl der Mittel zu ihrer Erreichung. Dazu müssen die Produkte der Verwaltung definiert und ihre Kosten individuell bestimm- und vergleichbar sein.

1.3. Einführung der Kosten- und Leistungsrechnung in der öffentlichen Verwaltung

Gegenwärtig kann in öffentlichen Verwaltungen weithin keine Zuordnung von Kosten zu Verwaltungsleistungen vorgenommen werden, d.h. eine Kosten-Nutzen-Analyse ist schlicht nicht möglich. Um zukünftig feststellen zu können, was einzelne Leistungen wirklich kosten, muß eine Kosten- und Leistungsrechnung eingeführt werden, die eine betriebswirtschaftliche Unterteilung nach Kostenarten, Kostenstellen und Kostenträgern ermöglicht.

1.4. Verbesserung der Leistungsbereitschaft und Motivation der Mitarbeiter

Das Personal ist in der öffentlichen Verwaltung wie fast überall die wichtigste, aber auch die kostenträchtigste Ressource. Ihre Leistungspotentiale müssen erkannt, optimiert und gezielt weiterentwickelt werden. Dazu muß eine aktive Personalpolitik betrieben werden, die sich am Leistungsprinzip orientiert und die entsprechenden materiellen und immateriellen Anreize bietet.

2. Rahmenbedingungen der Berliner Verwaltungsreform

Die Ziele der Berliner Verwaltungsreform müssen demzufolge in einer umfassenden Modernisierung der Verwaltung, in einer notwendigen Haushaltskonsolidierung, in der Schaffung von mehr Bürgernähe und in einer stärkeren Motivation der Mitarbeiter bestehen. Aus der bisherigen traditionellen Verwaltung soll ein leistungsfähiges Dienstleistungsunternehmen entstehen.

In Berlin arbeiten 190.000 Beschäftigte im öffentlichen Dienst, d.h. 31% des Landeshaushaltes sind Personalkosten. In diesem Jahr muß das Land 14,4 Mrd. DM an Personalkosten tragen. Wenn es keine Änderungen gibt, ist absehbar, daß die notwendigsten, gesetzlichen Leistungen in Zukunft nicht mehr zu erbringen sind. Privatisierung von Unternehmen aus dem Besitz des Landes können einen möglichen Konkurs nur hinauszögern, ihn aber nicht grundsätzlich verhindern. Diese schwierige Haushaltslage ist neben den o.g. das stärkste Argument für die Verwaltungsreform. Es gibt zu ihr keine Alternative. Der Zwang zum Handeln ist unmittelbar gegeben.

Mit der betriebswirtschaftlichen Erneuerung muß ein umfassender Personalabbau einhergehen. Seit 1992 wurden 16.000 Stellen absolut sozialverträglich und ohne Kündigung abgebaut. Bis 1997 sollen weitere 9.000 Stellen abgebaut werden. Betriebsbedingte Kündigungen aus Gründen der Verwaltungsreform werden nicht ausgesprochen, wenngleich dafür natürlich Arbeitsplatzflexibilität eine unabdingbare Voraussetzung ist.

Die Berliner Reformbemühungen sind in weiten Teilen nicht mit dem vergleichbar, was bereits aus westdeutschen Städten und Gemeinden bekannt ist. Verwaltungsreform in Berlin ist nicht nur die Reform einer Stadt, sondern die Reform der Verwaltung eines Bundeslandes. Das verkompliziert vieles, erleichtert allerdings auch manches. Beispielsweise kann das Land seine Gesetzgebungskompetenz im Sinne der Reform zur Geltung bringen, und man kann etwa bei den Fragen des Haushaltsrechtes flexibler und schneller reagieren, als dies anderen Kommunen möglich ist.

Berlin ist Hauptstadt - mit allen entsprechenden Konsequenzen für die öffentliche Aufmerksamkeit im In- und Ausland. Daraus entsteht eine zusätzliche Verantwortung, mit den Reformvorhaben wegweisend zu sein. Ein bloßes „facelifting" würde einer solchen Herausforderung nicht gerecht. Aus heutiger Perspektive litten bisherige Reformansätze häufig daran, daß sie nur Insellösungen zum Ziel hatten oder nur Symptome des Problems angingen. Die klassischen Strukturen blieben erhalten. Das muß in diesem Fall anders werden.

Berlin hat sich dazu des Sachverstandes dreier renommierter internationaler Unternehmensberatungen (Arthur D. Little, KPMG und Price Waterhouse) versichert und mehr als 30 Berater für die gesamte Projektlaufzeit (bis Ende 1995) verpflichtet. Deren Aufgaben bestehen im wesentlichen aus dem sogenannten Coaching der Reformprozesse. Mit den Ausgaben für die IT-Ausstattung und für die Mitarbeiterqualifizierung werden sich die Kosten für die gesamte Umgestaltung auf ca. 32 Millionen DM belaufen.

Eine solch umfassende Reform, die praktisch einer Sanierung des „Unternehmens Verwaltung" gleichkommt, kann der Berliner Verwaltung aber nicht von außen oktroyiert werden. Ihr Erfolg hängt wesentlich davon ab, inwieweit die einzelnen Beschäftigten die Reform als ihre ureigenste Angelegenheit betrachten und sie engagiert mittragen. Deshalb ist das von Anfang an wichtigste Kennzeichen dieser Verwaltungsreform die intensive Mitwirkung der Beschäftigten. Dieses Angebot ist auf positive Resonanz gestoßen: Über 300 Verwaltungsmitarbeiter arbeiten an den Fachkonzepten und Plänen in 14 Projektgruppen, 7 Fachkonferenzen und über 50 Workshops mit. Zählt man auch die Teilnehmer der Abstimmungsveranstaltung dazu, sind bereits mehr als 1300 Beschäftigte involviert. Diese haben seit Projektbeginn an mehr als 350 Veranstaltungen teilgenommen. Dieses Engagement, das zusätzlich zu den täglichen Arbeitsaufgaben erfolgt, zeugt vom an der Basis zweifellos vorhandenen Reformeifer. Der Hauptpersonalrat arbeitet äußerst engagiert mit. Zudem wurde im März 1995 ein Kooperationsvertrag mit der ÖTV geschlossen, so daß auch auf deren Unterstützung gebaut werden kann.

Natürlich gibt es in einer Verwaltung dieser Größe nicht nur Zustimmung zu allen Reformmaßnahmen, und vor allem zum vorgelegten Tempo. Die Kritiker stehen jedoch nicht außerhalb, sondern konnten bisher in den Prozeß integriert werden.

Die politische Führungsspitze Berlins unterstützt die Projektarbeiten in verschiedenen Gremien. Ein Lenkungsgremium unter Vorsitz des Regierenden Bürgermeisters von Berlin und ein Steuerungsgremium unter Vorsitz der Staatssekretäre für Inneres und Finanzen wurde eingerichtet. Beide Gremien tagen in einem etwa achtwöchigen Rhythmus. Darüber hinaus berichtet das Projektmanagement regelmäßig an den Rat der Bürgermeister.

Die Reform wird zunächst in vier Senatsverwaltungen und in den 23 Bezirksämtern durchgeführt und ist in verschiedene Teilprojekte aufgeteilt, die parallel ineinandergreifen, aber auch aufeinander aufbauen.

3. Inhaltliche Komponenten des Berliner Reformprojekts

Die wesentlichen Teilprojekte sind:

3.1. Dezentrale Fach- und Ressourcenverantwortung

Das Teilprojekt untergliedert sich in strategische Vorgaben für den Berliner Produktkatalog, Kontraktmanagement und dezentrale Strukturen.

Die Produktsteuerung ist das Kernstück des Neuen Berliner Verwaltungsmanagements. Die politische Ebene beschränkt sich hier auf eine reine Outputsteuerung, d.h. das Setzen von Zielen und Rahmenbedingungen, während die Verwaltung innerhalb dieser Regelungen frei und kreativ handeln kann. Dafür muß zunächst ein Konsens darüber hergestellt werden, welche strategischen Ziele und Aufgaben für die Verwaltung zukünftig Handlungsleitend sein sollen. Dieser Konsens bildet dann das Fundament für den Berliner Produktkatalog.

Innerhalb des Teilprojektes Kontraktmanagement wird ein Konzept entwickelt, wie zukünftig das Verwaltungshandeln durch Zielvereinbarungen gesteuert werden kann.

Das Teilprojekt Dezentrale Strukturen beschäftigt sich mit der Erstellung eines Organisationsmodells, wobei das sogenannte Vorstandsmodell präferiert wird. Danach wird die Führung eines Bezirksamtes ähnlich einer Holding organisiert. Unterhalb dieser Holding befinden sich die einzelnen Fachbereiche bzw. Leistungs- und Verantwortungszentren mit vereinbarten Zielen und dem dafür erforderlichen Budget.

3.2. Entwicklung des Berliner Produktkataloges

Die Entwicklung des Berliner Produktkataloges erfolgt in drei Stufen - der vorläufigen Leistungserhebung in fünf Bezirken, der Abstimmung und Ergänzung der Leistungserhebung mit ausgewählten Ämtern aus allen Bezirken sowie der flächendeckenden Abstimmung des Produktkataloges. Im Ergebnis soll eine Aufstellung entstehen, in die alle Leistungen der Berliner Verwaltung Eingang finden.

3.3. Qualitätsmanagement

Ergebnis dieses Teilprojektes werden verschiedene Verfahren sein, mit denen die Verwaltung die Bedürfnisse und die Zufriedenheit ihrer Kunden systematisch erfassen kann.

3.4. Kosten- und Leistungsrechnung

Nach seiner Einführung soll dieses Verfahren in der Berliner Verwaltung genauso funktionieren, wie in jedem anderen Unternehmen auch, also Transparenz über die anfallenden Kosten und Erlöse schaffen. Selbstverständlich ist, daß alle Kosten dort ausgewiesen werden, wo sie direkt zurechenbar und verantwortbar sind.

In der Berliner Verwaltung sind die meisten Kosten fix (Entlohnung, Mieten usw.). Deshalb wird ein spezielles Rechenverfahren zu ihrer Abbildung und Steuerung benötigt - die stufenweise Fixkostendeckungsrechnung. Hier werden Fixkosten jeweils auf der hierarchischen Ebene ausgewiesen, der sie eindeutig zurechenbar sind bzw., wenn möglich, einem Produkt zugeordnet. Die variablen Kosten werden direkt den einzelnen Produkten zugerechnet.

Ein weiteres Ziel besteht darin, daß in Zukunft die Budgets der Bezirke und Senatsverwaltungen über die Produkte und ihre Preise bestimmt werden sollen.

3.5. Ergebnisorientierte Budgetierung, Planung, Controlling und Berichtswesen

Controlling ist nicht mit Kontrolle gleichzusetzen, sondern als ein in die Zukunft blickendes Informationssystem zu verstehen, dessen Aufgaben vorwiegend in der Planung und Steuerung des Verwaltungshandelns bestehen.

3.6. IT-gestützte Rechnungs- und Berichtssysteme

Hierbei ist für Dezember 1995 an eine Pilotimplementierung des Softwaresystems ProFiskal gedacht, um parallel zum Fortschritt der Verwaltungsreform die Software auf ihre Praktikabilität zu prüfen.

3.7. Zukunftsorientiertes Personalmanagement

Dieses Teilprojekt untergliedert sich in Personalplanung, Personalentwicklung und Personalführung. Es stellt die Basis für die Einführung anderer Reformbausteine dar, die zu ihrem Gelingen einen Bezug zu den handelnden Menschen benötigen.

Bei der Personalplanung geht es um die regelmäßige und systematische Planung des Bedarfs und Bestandes an Mitarbeitern für einen zukünftigen Zeitraum. Sie bildet damit die Grundlage für eine integrierte Personalentwicklung, die es ermöglichen soll, das Leistungs- und Lernpotential von Mitarbeitern zu erkennen und verwendungs- und entwicklungsbezogen zu fördern, z.B mittels job-enrichment und job-enlargement. Geplant sind die Praxisbeispiele Mitarbeitergespräch, Vorgesetztenbeurteilung und Assessment-Center. Die Arbeitsgruppe Personalführung hat die Entwicklung eines Führungshandbuches angeregt, in dem neue Methoden und Techniken dargestellt und allen Führungskräften zur Verfügung gestellt werden sollen. Das wird als Schritt auf dem Weg zur Schaffung einer neuen „Führungskultur" betrachtet.

3.8. Weiterentwicklung rechtlicher Rahmenbedingungen

Zur Umsetzung der notwendigen Veränderungen bei der Einführung einer flächendeckenden Kosten- und Leistungsrechnung und eines neuen Führungs- und Steuerungssystems müssen die rechtlichen Voraussetzungen geschaffen werden. Kernaufgabe diese Teilprojektes ist dabei die Identifizierung der gegenwertig existierenden Hürden im Dienst- und im Haushaltsrecht.

3.9. Zielgruppenspezifische Qualifizierung

Das Konzept für eine „Berliner Qualifizierungsoffensive" sieht die Schulung von 40.000 Verwaltungsmitarbeitern zu den reformspezifischen Themen vor. Die Beschäftigten sollen umfassend auf neue Aufgaben und Verantwortungen vorbereitet werden.

Das Gesamtvorhaben verfolgt keine kurzfristigen Einsparziele. Mittel- und langfristig werden Kostentransparenz, verbessertes Führungsverhalten und eine Organisationsstruktur, die Ergebnisverantwortung in den Mittelpunkt stellt, zu einer ganzen Palette von Nutzpotentialen führen, die den Landeshaushalt spürbar und nachhaltig entlasten werden.

Die Berliner Verwaltung muß und wird mit einem betriebswirtschaftlichen Managementsystem arbeiten, für die Straffung bürokratischer Abläufe sorgen und vielbeklagte Hemmnisse abbauen.

Die Zeit behäbiger und außerhalb der Marktgesetze stehender öffentlicher Verwaltung ist endgültig vorbei. Es gilt das Motto: „Wenn wir nichts verändern, wird nichts bleiben wie bisher."

Jürgen Volz

Überlegungen zu einem Führungskräftetraining als Grundvoraussetzung eines „New Public Management" in der öffentlichen Verwaltung der Bundesrepublik Deutschland

1. Ausgangslage

Zahlreiche öffentliche Verwaltungen in der Bundesrepublik Deutschland befinden sich derzeit in einem Veränderungsprozeß. Die herkömmlichen Strukturen, Verhaltensweisen und Methoden der Aufgabenerfüllung reichen nicht mehr aus, um die immer komplexer werdenden Aufgaben und Programme der öffentlichen Hand zu bewältigen. Den zusehends wachsenden Ansprüchen der Bevölkerung stehen immer geringere Finanzmittel zur Verfügung. Unter dem Stichwort bzw. der Führungsphilosophie des "New Public Management"[1] werden daher seit einiger Zeit neue Ideen entwickelt, die es ermöglichen sollen, den heutigen und künftigen Herausforderungen besser begegnen zu können. Von der neuen Führungsphilosophie wird insbesondere eine stärkere Ausrichtung von Politik und Verwaltung nach unternehmerischen Erfolgsprinzipien, marktwirtschaftlichen Steuerungsmechanismen und betriebswirtschaftlichen Management- techniken erwartet. Dazu gehört unter anderem, daß die öffentliche Verwaltung bzw. der Staat

---

[1] Vgl. hierzu beispielsweise *D. Budäus*: Public Management - Konzepte und Verfahren zur Modernisierung öffentlicher Verwaltung. Berlin 1994; *W. Damkowski und C. Precht*: Public Management. Neue Steuerungskonzepte für den öffentlichen Sektor. Stuttgart 1995; *K. Schedler*: Ansätze einer wirkungsorientierterten Verwaltungsführung, Von der Idee des New Public Management (NPM) zum konkreten Gestaltungsmodell: Fallstudie. Bern u. a. 1995; *P. Hablützel*: New Public Management - Ein Verwaltungsreformkonzept für die Schweiz?, in: VOP 3/1995, S. 142 ff..

(1) sich auf die öffentlichen Kernfunktionen besinnt (Rückbau des Staates),

(2) die bisherigen und künftigen öffentlichen Aufgaben einer ständigen Aufgabenkritik unterzieht,

(3) einen Teil öffentlicher Aufgaben wirtschaftlich und / oder rechtlich auf öffentliche Betriebe (z.B. Eigenbetrieb, GmbH, AG) auslagert (Formelle Privatisierung) oder aufgrund des Subsidiaritätsprinzips Leistungen an Private abgibt (Materielle Privatisierung),

(4) bei der öffentlichen Dienstleistungserbringung zum einen mehr auf Bürgernähe und Kundenorientierung achtet, zum anderen die Leistungen zudem einen bestimmten Qualitätsstandard haben (Total Quality Management),

(5) die öffentlichen Leistungen durch eine schlankere Organisation, beispielsweise in Form des Abbaus überflüssiger Hierarchieebenen, Kooperation und Teamorganisation statt Hierarchie, Vermeidung von Verschwendung an Material, Arbeit und Zeit, erhöht (Lean Management),

(6) durch Veränderungen in der inneren Verwaltungsorganisation die Gestaltungsspielräume der Fachdienste und Fachämter mit der Folge erhöht, daß diese für die Wahrnehmung ihrer Aufgaben notwendigen Ressourcen, wie Sachmittelbeschaffung, Stellen, Personal, Finanzen, weitgehend eigenständig bewirtschaften (Dezentrale Ressourcenverwaltung) und ergebnis- bzw. leistungsorientiert budgetieren (Budgetierung),

(7) das Wirtschaftlichkeitsbewußtsein bei den Mitarbeitern und Führungskräften (Leistungsorientierung der Personalpolitik) u.a. durch die Einführung einer Kosten- und Leistungsrechnung, verbunden mit einem Controlling, Berichtswesen und Informationsmanagement, sowie der stärkeren Anwendung von Wirtschaftlichkeitstechniken (Betriebswirtschaftliche Investitionsrechenverfahren und Nutzen-Kosten-Untersuchungen) bei allen Maßnahmen von erheblich finanzieller Bedeutung erhöht.[2]

---

[2] Vgl. hierzu beispielsweise *L. Beyer und H. Brinckmann*: Kommunalverwaltung im Umbruch. Köln 1990; *F. Brückmann*: Ein neues Steuerungssystem für die Kommunalverwaltung. Gießen 1994; *H. Klages*: Grundsätze und Er-

Kelling faßt das Ziel dieser Reformaspekte für die Kommunen folgendermaßen zusammen: "Eine nach betriebswirtschaftlichen Gesichtspunkten geführte Stadtverwaltung mit dezentraler Ressourcenverantwortung, die über politische Zielsetzungen gesteuert und demokratisch legitimiert wird.³

Die Kommunale Gemeinschaftsstelle als wesentlicher Unterstützer dieser Reform geht bei der Vision des Dienstleistungsunternehmens Kommunalverwaltung u. a. von der Vorstellung aus, daß in die Mitarbeiter investiert wird, daß ihnen Leistungsziele gesetzt und vor allen Dingen auch Gestaltungsmöglichkeiten und Anerkennung eingeräumt werden.⁴

Gerade der zuletzt genannte Visionsaspekt hat in Theorie und Praxis zur Erkenntnis geführt, daß der Umstrukturierungs- bzw. Modernisierungsbedarf der Verwaltung durch die neuen Steuerungsmodelle nur greifen und erfolgreich sein kann, wenn die Anwender dieser Instrumente und Methoden über die dazu erforderlichen Qualifikationen verfügen.⁵

Nicht zuletzt aus diesem Grunde kommt dem Führungskräftetraining im Zusammenhang mit dem New Public Management, bei dem es neben der Vermittlung von allgemeinem und spezifischem Führungswissen sowie betriebswirtschaftlichem Grundwissen gleichzeitig auch immer einer kritischen Auseinandersetzung mit den eigenen führungsrelevanten Einstellungen und Motiven sowie den emotionalen Persönlichkeitsdimensio-

---

fordernisse einer grundlegenden Erneuerung und Modernisierung der öffentlichen Verwaltung, in: *J. Goller / H. Maack / B. Müller-Hedrich* (Hrsg.): Verwaltungsmanagement. Handbuch für öffentliche Verwaltungen und öffentliche Betriebe. Stuttgart 1989. Loseblattsammlung, Ergänzungslieferung 12/1994 B. 1.2; *H. Meixner*: Bausteine neuer Steuerungsmodelle. Rostock / Bornheim-Roisdorf 1994.

[3] *O. Kelling* in: *Presseamt Landeshauptstadt Kiel* (Hrsg.): Steuerungsmechanismen einer modernen Verwaltung. Kiel 1993, S. 11.

[4] Vgl. Das neue Steuerungsmodell - Begründung, Konturen, Umsetzung. KGSt-Bericht 5/1993. Köln 1993, S. 13 f..

[5] Vgl. *H. Meixner*: Bausteine neuer Steuerungsmodelle, a.a.O., S. 1, 12, 28ff. und 119 sowie *H. Weeland*: Optimierung kommunaler Verwaltungssysteme, 3. A-&-T-Arbeitstagung am 24.9.1992. Bonn 1993, S. 63; siehe auch *C. Reichard*: "Public Management" - ein neues Ausbildungskonzept für die deutsche Verwaltung, in: VOP 3/1994, S. 178 ff..

nen bedarf, als Instrument der Personalentwicklung eine besondere Rolle, wenn nicht gar die entscheidende Schlüsselrolle, zu.[6]

2. Wie sollte ein Führungskraftetraining im Zusammenhang mit dem New Public Management aussehen?

Über die Frage, wie ein Führungskräftetraining im Zusammenhang mit den neuen Verwaltungsreformüberlegungen aussehen sollte, kann keine abschließende Aussage gemacht werden, da die Verwaltungs- reformansätze in Bund, Ländern und Gemeinden der Bundesrepublik Deutschland teilweise unterschiedlich sind. Es besteht jedoch die Möglichkeit, anhand einiger Strukturierungsmerkmale zu verdeutlichen, wie ein solches Führungskräftetraining aussehen könnte:[7]

2.1. Zielgruppe

In vielen Verwaltungen wird das Führungskräftetraining immer noch als eine Art "Reihenschluckimpfung" verstanden, die alle Führungskräfte aller Führungs- bzw. Hierarchieebenen zu durchlaufen haben. Man weiß

---

[6] Vgl. *E. Hohl und T. Knicker*: Führungstraining als Instrument der Personalentwicklung, in: WiST 2/1989, S. 97; *T. Knicker*: Führungskräftetraining als Personalentwicklungsinstrument, in: *K.-H. A. Geißler / G. v. Landsberg / M. Reinartz* (Hrsg.): Handbuch Personalentwicklung und Training. Ein Leitfaden für die Praxis. Köln 1990, Loseblattsammlung, Ziffer 7.1.2.0; siehe auch *G. Hager*: Neue Ansätze zur Fortbildung und Entwicklung von Führungskräften in der öffentlichen Verwaltung, in: *J. Goller / H. Maack / B. Müller-Hedrich* (Hrsg.): Verwaltungsmanagement, a.a.O., Ergänzungslieferung 7/1991, C. 1.1 sowie *H. Walther*: Konzepte der Führungskräfteentwicklung in der öffentlichen Verwaltung, in: Verwaltungsarchiv 1991, S. 54 ff..

[7] Vgl. ähnliche Überlegungen bei *E. Hohl und T. Knicker*: Führungstraining als Instrument der Personalentwicklung, a.a.O., S. 97 ff. und *T. Knicker*: Führungskräftetraining als Personalentwicklungsinstrument, S. 6 ff..

aus den Erfahrungen fortschrittlicher privatwirtschaftlicher Unternehmen, daß dieses "Gießkannenprinzip" (Verteilung der Trainingsprogramme auf die Führungskräfte aller Ebenen) gerade bei Reformmaßnahmen nicht besonders erfolgreich ist, sondern daß das Führungskräftetraining effektiver ist, wenn zum einen eine Differenzierung von "Führungskräften" vorgenommen wird und für diese Zielgruppen zudem "Schlüsselprogramme für Schlüsselpersonen" entwickelt werden.[8]

Bei der Entwicklung von Schlüsselprogrammen für Schlüsselpersonen im Zusammenhang mit den oben genannten Verwaltungsreformüberlegungen erscheint es ausreichend, zwischen "Führungskräften in Spitzenpositionen" und "Sonstigen Führungskräften" zu differenzieren. Die vielfach praktizierte Differenzierung bei Fortbildungsveranstaltungen von Führungskräften nach Laufbahnen und Laufbahngruppen erscheint deshalb größtenteils hier überflüssig zu sein, weil Führungskräfte aller Hierarchieebenen sich in den Reformprozeß mehr oder minder einbringen müssen. Zudem ist die Erkenntnis von erfolgreichen Reformverwaltungen vorhanden, daß ein Führungskräftetraining im Rahmen eines Personalentwicklungskonzeptes "on-the-job" sinnvollerweise die Arbeits-gruppe als Trainingseinheit stärker als bisher nutzen sollte, weil eine Veränderung von Verhaltensmustern am ehesten durch eine gleichzeitige Reflexion und Bearbeitung der in der Arbeitsgruppe eingeschliffenen Denkroutinen und Handlungsgewohnheiten möglich ist.[9] Gerade beim erfolgreichen Arbeiten in einer Gruppe sollten Hierarchieaspekte, die bei der Einteilung von Führungskräften nach Laufbahnen und Laufbahngruppen sich widerspiegeln, möglichst keine Rolle spielen.

---

[8] Zum Begriff "Führungskraft" vgl. beispielsweise *H. Walther*: Konzepte der Führungskräfteentwicklung, a.a.O., S. 55; zum Problem Schlüsselprogramme für Schlüsselpersonen vgl. hierzu beispielsweise *J. Luchters*: Niederlande: Die Ermittlung von Schlüsselqualifikationen für höhere Führungskräfte in der öffentlichen Verwaltung, in: Verwaltung und Fortbildung 1/1989, S. 39ff. und 2/1989, S. 85ff.; *T. Sattelberger* (Hrsg.): Innovative Personalentwicklung. Grundlagen, Konzepte, Erfahrungen. Wiesbaden 1989.

[9] Vgl. *E. Hohl und T. Knicker*: Führungstraining als Instrument der Personalentwicklung, a.a.O., S. 98; sowie *H. Janning* u. a.: Das Modell Soest - Der Umbau der Kommunalverwaltung auf Kreisebene - Ein Praxisbericht, in: *J. Goller / H. Maack / B. Müller-Hedrich* (Hrsg.), a.a.O., Ergänzungslieferung 6/1994, B. 1.3, S. 25.

Das Arbeitsteam stellt sich in den Trainings, die dann eher Workshops gleichen, auf den Prüfstand und analysiert unter Anleitung eines internen oder externen Trainers/Moderators Problembereiche der Verwaltungsreform (z.B.: Wie soll ein Berichtswesen aussehen? Welche Anforderungen soll ein Personalcontrolling erfüllen? etc.).

Der Einbezug von Führungskräften in Spitzenpositionen (Politische Führungskräfte und Führungskräfte der obersten Hierarchieebene der Verwaltung) in ein Führungskräftetraining in Zusammenhang mit den derzeitigen Verwaltungsreformen ist deshalb von großer Bedeutung, weil sie diejenigen sind, die aus der Vielfalt möglicher Reformalternativen die für ihre Verwaltung "besten" Ansätze herausfinden und anschließend auch die Funktion der Machtpromotoren übernehmen müssen. In solchen Seminaren geht es meist darum, den Teilnehmern aktuelle Konzepte und Instrumente der Verwaltungsreform zu vermitteln, deren Stellenwert im Rahmen neuer Führungs- und Steuerungsstrukturen zu erörtern und Wege aufzuzeigen, wie Reformaspekte sinnvollerweise in der Verwaltung implementiert werden können.[10] Dabei ist auch zu berücksichtigen, daß Führungskräfte der obersten Hierarchieebene zumeist eine juristische Bildung haben, in dieser Ausbildung jedoch betriebswirtschaftliches Wissen, was für die Umsetzung der meisten Reformbausteine (z.B. Controlling, Budgetierung, Kosten- und Leistungsrechnung) zwingend notwendig ist, nicht oder nur sehr oberflächlich vorhanden ist.

2.2. Praxisnähe

Die meisten Führungskräftetrainings finden heute noch außerhalb des Arbeitsplatzes (off-the-job) in Seminaren bzw. Kongressen statt. Losgelöst vom alltäglichen Führungsgeschäft erhalten die Führungskräfte die Gelegenheit, einmal innezuhalten und über Möglichkeiten einer Optimierung ihres derzeitigen Führungsverhaltens nachzudenken.

Da ein Führungskräftetraining generell und unabhängig von den oben genannten Verwaltungsreformüberlegungen jedoch etwas anderes sein soll als "Entertainment mit einem spannenden Thema" oder "organisierte

---

[10] Vgl. beispielsweise *Institut für Verwaltungsmanagement an der Verwaltungsakademie Berlin*: Fortbildungsprogramm für das WS 94/95, S. 9ff..

Freizeit von dem Berufsstreß" bedarf es künftig einer stärkeren Verknüpfung von Theorie und Praxis.

Damit die neuen Verwaltungsreformüberlegungen dauerhaft greifen, müssen neben dem klassischen Training "off-the-job" im Seminar bzw. im Kongreß verstärkt die Personalentwicklungskonzepte "on-the-job" (wird unmittelbar am Arbeitsplatz vollzogen) oder "parallel-to-the-job" (Maßnahmen, die Führungskräfte bei der Erfüllung ihrer Aufgaben in Form qualifizierter Beratung unterstützen, z. B. in Form des Coaching oder Mentoring) genutzt werden.[11] In den zuletzt genannten Konzepten erscheint zudem die Projektarbeit sehr sinnvoll zu sein.

Ziel dieser Projektarbeit ist es, die Führungskräfte zu veranlassen, ihr bisher in der Führungspraxis eingesetztes Verhaltensrepertoire einer kritischen Prüfung zu unterziehen. Die individuellen Führungsprojekte werden im Seminar vorgestellt und durch Feedback von Seiten der anderen Seminarteilnehmer ausgewertet. Ergebnis dieser zumeist sehr produktiven Auswertung ist, daß neue Verhaltensalternativen sichtbar werden und im "Schonraum" Seminar aktiv auf ihre Problemlösungsqualität überprüft werden können (Prinzip des "action-learning").

2.3. Führungskräftetrainer

Es bedarf keiner ausführlichen Erklärung, daß Führungskräftetrainer im Prozeß der Förderung und Qualifizierung von Führungskräften im Zusammenhang mit den Verwaltungsreformmaßnahmen von zentraler Bedeutung sind. Nicht der ausschließliche Folienaufleger mit einem angelernten Programm im Kopf ist heute gefragt, sondern der Trainer, der in der Lage ist, ein Trainingsprogramm auf der Basis einer reflektierten Handlungstheorie nicht nur bedarfsgerecht zu entwickeln, sondern auch

---

[11] Vgl. *W. Fröhlich*: Personalentwicklung als Ansatzpunkt zur unternehmerischen Gestaltung der Personalarbeit - Darstellung aus der Sicht der Wissenschaft, in: *R. Wunderer / T. Kuhn* (Hrsg.): Innovatives Personalmanagement. Theorie und Praxis unternehmerischer Personalarbeit. Neuwied / Kriftel / Berlin 1995, S. 122 ff..

transferwirksam realisieren zu können.[12] Ob es sich hierbei um einen internen oder externen Trainer handelt ist dabei zunächst unbedeutsam.

In der privatwirtschaftlichen Unternehmenspraxis, teilweise auch in der öffentlichen Verwaltung, setzt sich zunehmend die Erkenntnis durch, daß neben externen Trainern der Einsatz von internen Trainern sinnvoll ist, da sie die strukturellen Gegebenheiten besser kennen und damit in der Lage sind, die vor, während und nach den Führungstrainings eingesetzten Maßnahmen stärker als sonst üblich entsprechend den Praxisbedürfnissen der Teilnehmer "maßzuschneidern".

Um die Kosten einzuschränken, wird beim Führungskräftetraining im Zusammenhang mit Verwaltungsreformmaßnahmen neuerdings verstärkt auch die Moderatoren- und Mulitplikatorenaus- bzw. -fortbildung genutzt. Bei der Moderatorenaus- bzw. -fortbildung werden Führungskräfte für Moderationsdienstleistungen aus- bzw. fortgebildet. Sie sollen bei bestimmten Problemfällen und Anliegen aus den einzelnen Fachämtern entweder geeignete Konzeptionen entwerfen und umsetzen oder zumindest als Ansprechpartner fungieren. Ein ähnlicher Gedankengang liegt der Muliplikatorenaus- bzw. -fortbildung zugrunde. Hier werden zunächst nur einige Führungskräfte geschult, die den Veränderungsprozeß aktiv mitgestalten sollen. Anschließend sollen diese ihr erworbenes Wissen an andere Führungskräfte und Mitarbeiter weitergeben.

2.4. Angebots- / Bedarfsorientierung

In zahlreichen Verwaltungen, die entweder überlegen, neue Steuerungswege zu beschreiten bzw. sich bereits in der Implementierungsphase befinden, präsentiert sich das Leistungsprogramm des Führungskräftetrainings in Form einer jährlich erscheinenden Fortbildungsbroschüre. Unterstellt, daß solche Fortbildungsprogramme, die zumeist im Umlaufverfahren für Fortbildungsmaßnahmen werben und Interessenten ansprechen sollten, nicht in Schreibtischen von Amtsleitern verschwinden, impliziert das mit dieser Präsentationsform verknüpfte Funktionsverständnis

---

[12] Vgl. R. *Stiefel*: Personalentwickler im Kreuzfeuer, in: Personalwirtschaft 4/1989, S. 31.

das einer "Personalentwicklung mit Bauchladensortiment" (Wir bieten an, greifen Sie zu!).

Nicht nur wegen der äußerst knappen Ressourcen im Fortbildungsbereich bedarf es hier eines Umdenkungsprozesses in Richtung einer stärkeren Bedarfsorientierung des Führungskräftetrainings. Der methodische und verhaltensbezogene fachübergreifende und fachspezifische Fortbildungsbedarf einer Verwaltung muß künftig "vor Ort" von den jeweiligen leitenden Führungskräften in Zusammenarbeit mit den Fortbildungsbeauftragten ermittelt und anschließend den Fort- bildungsbedürfnissen der Mitarbeiter gegenübergestellt werden. Dabei kann das Fortbildungsbedürfnis zum Gegenstand von Mitarbeitergesprächen gemacht werden.

Wichtige Impulse sind hierdurch auch durch die dezentrale Ressourcenverantwortung (=Neudefinition des Budget- und Personalwesens) zu erwarten. Folge ist, daß die Führungskraft weitaus stärker als bislang üblich als Budget- und zumeist auch als Personalverantwortlicher in die Pflicht genommen wird. Nicht mehr die "Spezialisten" im Personalwesen sind für die Ermittlung des Bildungsbedarfs zuständig, sondern künftig die Führungskräfte in der Linie.

In dieser neuen Rolle, die eher einem Coach entspricht, werden die Führungskräfte sinnvollerweise den Sachverstand der ihnen unterstellten Mitarbeiter einbeziehen.

Dabei darf es nicht passieren, daß Fortbildungswünsche der Mitarbeiter, die sachgerecht sind, durch Führungskräfte blockiert werden, nur weil aktuelle Arbeitszwänge vorhanden sind. Nicht zu Unrecht wird daher gefordert, daß ein Fortbildungsmanagement Leitlinien voraussetzt, an denen sich leitende Führungskräfte sowie die Mitarbeiter orientieren können. Unterschieden werden kann dabei zwischen strategischen und operativen Fortbildungsleitlinien. Die strategischen Leitlinien stecken den Rahmen ab, während die operativen Leitlinien die Aussteuerung des Fortbildungsbedarfs und der Fortbildungsbedürfnisse im Miteinander von Vorgesetzten und Beschäftigten regeln. Die folgenden Leitsätze zeigen einen möglichen Rahmen auf:[13]

---

[13] *H. Meixner*: Bausteine neuer Steuerungsmodelle, a.a.O., S. 127-129.

Leitsätze zur strategischen Fortbildungsplanung

Leitsatz 1.1

Das Kollegium und die Fachdienste schaffen die finanziellen Voraussetzungen, um Mitarbeiter die Teilnahme an Fortbildungsveranstaltungen zu ermöglichen. Hierfür sind zwischen 1(1,5 ...) und 2 (2;5 ...) Prozent der Personalaufwendungen (vgl. Tilburg:1% bis 3% der Lohnsumme) aufzubringen.

Leitsatz 1.2

Das Kollegium und die Fachdienste ermitteln und stimmen den aktuellen und langfristigen fachübergreifenden Fortbildungsbedarf jährlich / halbjährlich ab. Hierfür sind Kennzahlen für die kurz-, mittel- und langfristige Fortbildungsplanung festzulegen.

Leitsatz 1.3

Zur Förderung der fachübergreifenden personellen Mobilität werden individuelle Förderungs- und Entwicklungspläne zur Heranführung des Führungsnachwuchses geführt und jährlich fortgeschrieben.

Leitsatz 1.4

Kollegium und Fachdienste informieren umfassend über Fortbildungsprogramme. Sie achten auf ein breites bedarfs- und bedürfnisorientiertes Fortbildungsangebot und legen die Kriterien für die Beschickung der Lehrgänge fest.

Leitsatz 1.5

Kollegium und Fachdienste schaffen die organisatorischen Voraussetzungen interner und externer Fortbildungsveranstaltungen, die es allen Mitarbeiterinnen und Mitarbeitern ermöglichen, das Angebot an Fortbildung wahrzunehmen (z.B. beschäftigte Mütter mit Kindern).

Leitsatz 1.6

Kollegium und Fachdienste unterstützen Maßnahmen der Selbstbildung, die zu einer größeren Verwendungsbreite führen (z.B. eine Mitarbeiterin in der Sozialabteilung, die sich auf eine "fachfremde" Aufgabe (etwa Controlling) vorbereiten möchte), durch materielle Hilfe (etwa Fachbücher, Fachzeitschriften), Lehr- und Lernmaterialien, finanzielle Hilfen und/oder durch Freistellung von dienstlichen Aufgaben.

Leitsatz 1.7

Kollegium und Fachdienste sehen für Fortbildungsmaßnahmen eine Stellenreserve, differenziert nach Fachdiensten und Jahren, in Höhe von 2, 3; 4... Prozent der Netto-Jahresarbeitszeit vor. Diese Stellenreserve ist jährlich fortzuschreiben.

Leitsatz 1.8

Kollegium und Fachdienste legen Richtwerte über den Umfang der Fortbildung, differenziert nach Funktionsebenen, fest:

a. Für Führungskräfte aller Ebenen und Mitarbeiter mit besonders schwierigen und einem rasanten Wandel unterworfenen Aufgaben sind mittelfristig im Rahmen der Einführung der neuen Steuerungsmodelle 7, 8, 9 etc. Fortbildungstage im Jahresdurchschnitt vorzusehen.

b. Für Mitarbeiter in schwierigen Aufgabenbereichen sind 3, 4, 5 etc. Fortbildungstage im Jahresdurchschnitt vorzusehen.

Leitsatz 1.9

Kollegium und Fachdienste wirken auf eine ausgewogene Differenzierung im Verhältnis des Fortbildungsbedarfes und der Fortbildungsbedürfnisse hin. Ist die Nachfrage größer als das Angebot an Fortbildungplätzen, wird die Auswahl nach dienstlichen Belangen getroffen. Dabei sind in der Entscheidungsfindung auch die individuellen Bedürfnisse zu berücksichtigen.

Leitsätze zur operativen Fortbildungsgestaltung

Leitsatz 2.1

Jeder Mitarbeiter ist verpflichtet, sich fortzubilden.

Leitsatz 2.2

Vorgesetzte erstellen jährlich in Absprache mit den Mitarbeitern einen individuellen Fortbildungsplan (z.B. Förderungs- und Beratungsgespräch).

Leitsatz 2.3

Vorgesetzte informieren umfassend über die internen und externen Fortbildungsangebote der Verwaltung.

Leitsatz 2.4

Die Fortbildungsgestaltung für die Beschäftigten ist nicht nur auf spezielle·Tätigkeitsschwerpunkte hin auszurichten, sondern sie muß auch Möglichkeiten zur Entfaltung der Persönlichkeit einräumen.

Leitsatz 2.5

Fortbildungsangebot und Lehrgangsbeschickung müssen das Gebot der Chancengleichheit wahren. Die Kriterien der Beschickung müssen transparent und nachvollziehbar sein.

Leitsatz 2.6

Vorgesetzte unterstützen und fördern die berufsbezogene Selbstfortbildung im Rahmen der personal- und organisatorischen Möglichkeiten der Abteilung.

Leitsatz 2.7

Der Vorgesetzte trifft Vorsorge, daß der Besuch eines Lehrganges möglich wird. Er ermuntert und fördert die Fortbildungsbemühungen der Beschäftigten, er verhindert sie nicht.

Leitsatz 2.8

Die Kosten-Nutzen-Gesichtspunkte müssen bei der Beschickung von Seminaren beachtet werden.

Leitsatz 2.9

Der Vorgesetzte achtet auf einen Lerntransfer für das Arbeitsteam. Als Tagesordnungspunkt der regelmäßig stattfindenden Arbeitsbesprechungen können die in einem Seminar vermittelten Inhalte durch den Seminarteilnehmer dem Arbeitsteam zugänglich gemacht werden.

2.5. Methoden

Im Führungskräftetraining ist die Vermittlung rein additiven Faktenwissens zugunsten eines Prozeß- bzw. Erlebnislernens aufzugeben. Diese Forderung geschieht aus der Erkenntnis, daß Führungskräfte im Zusammenhang mit dem "New Public Management" durch teilnehmeraktivierende Methoden intensivere Erfahrungen und Einsichten für das eigene Führungsverhalten gewinnen können als dies bei reiner Wissensvermittlung der Fall ist.

Der schon heute vorherrschende Methodenpluralismus (die drei Straßen des Lernens: Informationsvermittlung, Verhaltenstraining, Selbsterfahrung) muß beibehalten und sinnvoll miteinander integriert werden. Dabei müssen selbstverständlich neben Vorträgen, Lehrgesprächen mit Diskussionen, Kleingruppenarbeit mit Übungen, Erfahrungsaustauschen, vor allen Dingen auch die Projekt-Gruppenarbeit zum Einsatz gelangen.

Das Personal- und Organisationsentwicklungskonzept

		1	2	3	4	5
Ziele:		höhere Motivation der Mitarbeiter	Stärkung des WIR-Gefühls	Kundenorientierung: Flexibilität usw. (zielorientiertes Handeln)	verbesserte Steuerung	höhere Effizienz
3-Säulen-Konzept	1.	Personalentwicklung PE 'der lernende Mitarbeiter'		2. Organisationsentwicklung OE 'die lernende Organisation'	3.	Betriebswirtschaftl. Entwicklung BE 'die wirtschaftliche Verwaltung'
	7 Bausteine			**6 Bausteine**		**4 Bausteine**
17 Bausteine	1.1	'PE-Planung'		2.1 'Zielfindung' (Kundenorientierung/ Bürgerfreundlichkeit)	3.1	'Neuer Haushalt' Budgetierung Ergebnisorientierter Haushalt Optimierte Kameralistik (WIBERA)
	1.2	'Fortbildung'				
	1.3	'Mitarbeitergespräch'		2.2 'PR-Konzept' Bürger/Kunde	3.2	'Controlling' Kosten- und Leistungsrechnung Kennzahlsystem Berichtswesen
	1.4	'Mitarbeiterbefragung'				
	1.5	'Info-Veranstaltungen'		2.3 'Neue Verwaltungsstruktur' Projektgruppe		
	1.6	'Gesundheitsfürsorge'		2.4 'Orga-Service/TuI'	3.3	Fortbildung 'Verwaltungsbetriebswirtschaft'
	1.7	'Moderatoren'		2.5 'Selbstbewertung'		
				2.6 Erfahrungsaustausch Überregionale Zusammenarbeit	3.4	Interkomm. Betriebsvergleiche z.B. Straßenverkehrsamt
Pilotämter (in Teilbereichen)	A.	Pilotprojekt 32 - Ordnungsamt - volle dezentrale Ressourcenverantwortung eigene Personalkompetenz - eigene Organisationskompetenz - ergebnisorientierte Steuerung und Budgetierung				
	B.	Pilotprojekt 40 - Schulverwaltungsamt				
	C.	Pilotprojekte Ämter		36 Straßenverkehrsamt 39 Veterinäramt		

	1. Personalentwicklung Personalpflege		2. Organisationsentwicklung		3. Betriebswirtschaftl. Bereich
1.1	PE-Planung	2.1	Zielfindung	3.1	Neuer Haushalt
1.1.1	Hausmitteilungen/ Projektgruppe	2.2	PR-Konzept/Bürger-Kunde	3.1.1	Budgetierung
1.1.2	Einbeziehung beurlaubter Frauen	2.3	Neue Verwaltungsstruktur/Projektgruppe	3.1.2	Ergebnisorientierter Haushalt
1.1.3	Stellenbörse	2.3.1	Schaffung von Rahmenbedingungen für dezentrale Organisationsstrukturen	3.1.3	Optimierte Kameralistik (WIBERA)
1.1.4	Personalentwicklung	2.3.2	Schaffung neuer Schnittstellen zwischen Querschnittsämtern und Fachämtern	3.2	Controlling
1.1.5	Schaltung von Führungsleitlinien	2.3.3	Externe Berater/Begleiter/Doktoranden	3.2.1	Kosten- und Leistungsrechnung
1.1.6	Neues Beurteilungssystem	2.4	Orga-Service/TuI	3.2.2	Kennzahlensysteme
1.1.7	Führungskräftepool	2.4.1	EDV-Entwicklungsplanung/Schulungen	3.2.3	Berichtswesen
1.1.6	Leistungszulage	2.4.2	Qualitätszirkel und Projektgruppenarbeit Projektgruppenmanagement	3.2.4	Einrichtung ämterunabhängiger Controllingstellen
1.1.9	Vorschlagwesen	2.4.3	Dokumentation	3.2.5	Beteiligungsverwaltung
	- permanente Aufgabenkritik 'von unten'	2.4.4	Organisationsbeauftragte	3.3	Fortbildung
1.1.10	Analytische Stellenbewertung	2.5	Selbstbewertung		'Verwaltungsbetriebswirtschaft'
1.2	Fortbildung	2.5.1	Verbesserung der 'Verwaltungskultur'	3.4	Interkommunale Betriebsvergleiche
1.2.1	fachübergreifende Fortbildung	2.6	Erfahrungsaustausch/überregionale Zusammenarbeit		z.B. Straßenverkehrsamt
	- Mitarbeiterführung	2.6.1	Innovationsring 'Kreisverwaltung der Zukunft'		usw.
	- Kontaktpflege mit dem Bürger	2.6.2	Erfahrungsaustausch mit den kreisangehörigen Städten und Gemeinden		
	- Führungskräftenachwuchsschulung		usw.		
	- Rhetorik für Frauen				
	- Wiedereinstieg in den Beruf für Frauen				**0. Politik**
	- Seminare für Organisation			0.1.1	Informationen/Workshops
1.2.2	fachbezogene Fortbildung			0.2.1	Beschlüsse
1.3	Mitarbeitergespräch			0.3.1	Neuzuschnitte der Fachausschüsse
1.4	Mitarbeiterbefragungen				
1.4.1	Mitarbeiterumfrage „Arbeitszufriedenheit"				
1.5	Info-Veranstaltungen				
1.5.1	Info-Markt (nach innen)				
1.5.2	Familientag/Tag der offenen Tür				
1.6	Gesundheitsfürsorge				
1.7	Moderatoren usw.				

2.6. Inhalte

Da die Zielsetzungen der heutigen Verwaltungsreformüberlegungen, wie eingangs kurz verdeutlicht wurde, sehr vielfältig und heterogen sind, ist es undenkbar, hier ein geschlossenes Konzept für die Inhalte des Führungskräftetrainings anzubieten.

Ausgehend von der Erkenntnis, daß die heutige Verwaltungsreformdiskussion einer grundsätzlichen Strukturreform bedarf, die an der "Organisation", der "Steuerung" sowie der "Personalwirtschaft" ansetzen muß, gehen viele Verwaltungen von einem ganzheitlichen Reformansatz aus, der nur dann erfolgreich sein kann, wenn die Reformschritte und -maßnahmen in ein Personal- und Organisationsentwicklungskonzept integriert werden.[14]

Ein wichtiger Teil bzw. ein wichtiger Baustein dieses Personal- und Organisationsentwicklungskonzeptes stellt unbestrittenerweise das Führungskräftetraining dar. Ohne die Berücksichtigung der Zielgruppe "Führungskräfte in Spitzenpositionen" erstreckt sich dabei das Leistungsspektrum des Führungskräftetrainings zumindest auf die Themenbereiche "Personalentwicklung - die lernende Führungskraft bzw. der lernende Mitarbeiter", "Organisationsentwicklung - die lernende Organisation" sowie "Betriebswirtschaftliche Entwicklung - die wirtschaftliche Verwaltung".

Die nachfolgenden Schaubilder verdeutlichen ein auf diesen drei Grundsäulen basierendes Personal- und Organisationsentwicklungskonzept des Kreises Soest mit insgesamt 17 Bausteinen, wobei die (Führungskräfte-) Fortbildung in jedem Bereich einen Baustein umfaßt.[15]

Die Grundvorstellung des Personal- und Organisationsentwicklungskonzeptes des Kreises Soest ist die, daß eine wesentliche Umstrukturierung der Verwaltung nicht kurzfristig zu erreichen und von daher von einem (Dauer-)Prozeß auszugehen ist, der fortlaufend Beratung, Anregung und Neuorientierung bedarf. Man geht in diesem Zusammenhang davon aus, daß immer mehr Personen (nicht nur Führungskräfte) über ein solides

---

[14] Vgl. *H. Janning* u. a.: Das Modell Soest, a.a.O., S. 24, siehe auch *M. Bieberle und C. Kaminsky*: Betriebswirtschaftliche Neuorientierung - der Main-Kinzig-Kreis als Non-Profit-Unternehmen. Hanau 1994, S. 6 ff..

[15] *H. Janning* u. a.: Das Modell Soest, a.a.O., S. 22 f..

Wissen zur Personalentwicklung, Personalpflege, Organisationsentwicklung und zur betriebswirtschaftlichen Entwicklung verfügen müssen. Die im Rahmen der Personalentwicklung angebotenen Fortbildungsveranstaltungen sollen im Kern einen Beitrag zur höheren "Motivation der Mitarbeiterinnen und Mitarbeiter" sowie zu einer "Stärkung des WIR-Gefühls" beitragen. Die fachübergreifenden Fortbildungsmaßnahmen konzentrieren sich bislang auf die Mitarbeiterführung, das Mitarbeitergespräch, die bürgernahe Verwaltung (Kontaktpflege mit dem Bürger), die Führungsnachwuchskräfteschulung, die Fortbildung von Frauen (Wiedereinstieg von Frauen in das Berufsleben, Streßbewältigung, Vereinbarung von Beruf und Familie, Rhetorik- sowie Konfliktgesprächsseminare) sowie die Moderatorenaus- und -fortbildung.

Die Fortbildungsveranstaltungen im Rahmen der Organisationsentwicklung sollen im Kern die Zielsetzungen der "Kunden- und Qualitätsorientierung" sowie ein "zielorientiertes Handeln" erreichen und standen bislang unter dem Diktat der Implementierung der neuen Verwaltungsstruktur "Modell 96". Mit der Verwaltungsspitze, der Projektgruppe "Neue Verwaltungsstrukturen" unter Einbeziehung der Personalvertretung sind in internen Seminaren mit externer Begleitung mögliche Modelle hierfür entwickelt worden. Die Entwürfe wurden vor der Umsetzung in der Projektgruppe nochmals intensiv erörtert.[16]

Alle Maßnahmen in dem Bereich der verwaltungsbetriebswirtschaftlichen Fortbildung, die leider nicht konkretisiert sind, sollen dazu beitragen, daß eine "verbesserte Steuerung" sowie eine "höhere Effizienz" der Verwaltung erreicht wird. Als Fortbildungsveranstaltungen könnte hierunter insbesondere folgendes subsumiert werden:

- die Einbettung des Controllings in eine reorganisierte Verwaltung
- outputorientierte Budgetierung als Steuerungsinstrument kommunaler Wirtschaftlichkeit
- Aufbau und Einführung einer Kosten- und Leistungsrechnung als Führungsinstrument des Verwaltungsbetriebes
- effiziente Verwaltungssteuerung durch Wirtschaftlichkeitsuntersuchungen

---

[16] *H. Janning* u. a.: Das Modell Soest, a.a.O., S. 97.

- das öffentliche Rechnungswesen zwischen Kameralistik und Doppelter Buchführung
- Outsourcing interner Dienste
- Kommunalleasing als kosteneffiziente Finanzierung öffentlicher Bauten und Anlagen
- Marketing - eine neue Aufgabe eines Kreises

2.7. Finanzmittel

Wie oben bereits erwähnt, können die neueren Verwaltungsreformüberlegungen nur greifen, wenn die Anwender dieser Instrumente und Methoden über die dazu erforderlichen Qualifikationen verfügen. Die Fortbildung der Führungskräfte und Mitarbeiter ist daher ein wichtiger Baustein im Rahmen eines Konzeptes zur Verwirklichung der Verwaltungsreformziele.

Zur Realisierung von entsprechenden Fortbildungsmaßnahmen müssen daher ausreichende Finanzmittel zur Verfügung stehen.[17] Wenn man bedenkt, daß in der öffentlichen Verwaltung in der Regel weniger als 0,5% der Personalkosten für Fortbildung ausgegeben werden, daß sich der Fortbildungsetat teilweise sogar im Promillebereich mit Kosten unter 100,- DM je Mitarbeiterin und Mitarbeiter für Fortbildungszwecke bewegt[18], dann ist eine Aufstockung der Fortbildungsmittel zwingend.

Als Anhaltspunkt können hier die Personalentwicklungsinvestitionen der deutschen Industrie von durchschnittlich ca. 1% bis 2% der Personalkosten dienen.[19] Bezogen auf das Jahr 1992 ergibt diese Prozentzahl immerhin durchschnittlich 1.924,- DM für Fortbildungszwecke pro Mitarbeiter/in. Im Kredit- und Versicherungsbereich wurden sogar durchschnittlich 5.203,- DM ausgegeben. In anderen Ländern, wie beispielsweise Japan und den USA liegen diese Zahlen sogar zwischen 3 und

---

[17] *H. Janning* u. a.: Das Modell Soest, a.a.O., S. 94, sowie *H. Meixner*: Bausteine neuer Steuerungsmodelle, a.a.O., S. 119.

[18] eigene Erhebungen im Rahmen eines Studienprojektes.

[19] eigene Erhebungen im Rahmen eines Studienprojektes.

5%. Bei vielen ausländischen und deutschen (Groß-)Unternehmen, die in den letzten Jahren aufgrund unterschiedlicher Problemlagen ebenfalls gezwungen waren, neue (Reform-)Wege zu gehen, wurde vielfach der Fortbildungsetat vorübergehend erheblich aufgestockt[20] und nicht wie in der öffentlichen Verwaltung oft der Fall, zusammengestrichen.[21]

Ausgehend von der These "je qualifizierter Mitarbeiterinnen und Mitarbeiter sind, desto besser werden auch die Arbeitsleistungen und die Arbeitszufriedenheit sein", liegt offensichtlich kein Widerspruch vor, wenn selbst in Zeiten finanzieller Engpässe mehr Finanzmittel in die Fortbildung des Personals investiert werden. So hat beispielsweise die Kreisverwaltung Soest trotz eines finanziellen Engpasses, der letztlich Ausgangspunkt für den Umbau und die Modernisierung der Kreisverwaltung war, es geschafft, den Fortbildungsetat von ursprünglich 30 Tsd. DM für Fortbildung im Jahre 1992 (vor Beginn der Reformmaßnahmen) auf 290 Tsd. DM im Jahre 1994 zu erhöhen.[22]

3. Fazit

Die entscheidende Voraussetzung für alle derzeitigen Verwaltungsreformüberlegungen ist ein modernes Personalmanagement. Qualifiziertes und motiviertes Personal, insbesondere auf der Ebene der Führungskräfte, das zudem von der Notwendigkeit der Verwaltungsreform überzeugt ist

---

[20] Vgl. hierzu *R. Weiß*: Die 26-Milliarden-Investition. Kosten und Strukturen betrieblicher Weiterbildung, in: *V. von Göbel und W. Schlafke*: Berichte zur Bildungspolitik 1990 des Instituts der deutschen Wirtschaft. Köln 1990. Ein gleicher Prozentsatz lag auch dem Fortbildungsetat der Stadt Tilburg zugrunde, vgl. *R. Krähmer*: Das Tilburger Modell der Verwaltungsorganisation und Verwaltungsführung, hrsg. von der Sozialdemokratischen Gemeinschaft für Kommunalpolitik NRW e.V.. Düsseldorf 1992, sowie *H. Lantinga*: Das Tilburger Modell, in: *H. Weeland*: Neue Steuerungsmodelle für die öffentliche Verwaltung. Thomasberg 1992, S. 57-66.

[21] Vgl. *H. Janning* u. a.: Das Modell Soest, a.a.O., S. 19, sowie *H. Meixner*: Bausteine neuer Steuerungsmodelle, a.a.O., S. 126.

[22] Vgl. *H. Janning* u. a.: Das Modell Soest, a.a.O., S. 95.

bzw. überzeugt wird, ist die entscheidende Ressource einer erfolgreichen Verwaltung. Mitarbeiter, insbesondere Führungskräfte, zu aktivieren und zu erschließen, ist die eigentliche Herausforderung des New Public Managements.

Das Führungskräftetraining wird somit zu einem zentralen und unternehmerischen Erfolgsfaktor aller Reformüberlegungen, dessen Erträge zwar nicht sofort sichtbar werden, langfristig sich jedoch auszahlen. Nicht Sparen ist beim Führungskräftetraining angesagt, sondern Investieren.

Insbesondere erscheint die Ergänzung und Erweiterung des Führungskräftetrainings durch neue Formen der Begleitung und Beratung notwendig, damit das einmal im Führungskräftetraining Gelernte noch besser in die Praxis eingebracht werden kann und gleichzeitig die Führungskräfte in einen permanenten Anregungs- und Entwicklungsprozeß einbezogen werden.

Der Anbindung des Führungskräftetrainings an die Prinzipien und Arbeitsweisen einer ganzheitlichen Personal- und Organisationsentwicklung kommt strategische Bedeutung zu. Personal bleibt damit zwar weiterhin der teuerste, aber hoffentlich zukünftig nicht mehr der am schlechtesten gemanagte Produktionsfaktor in der öffentlichen Verwaltung.

Tom Pätz

Reformen auf kommunaler Ebene in Lateinamerika
Die Relevanz kommunaler Steuerungsmodelle am Beispiel von Ecuador

Der Staat ist wieder wer!

Nach gut 10 Jahren von Versuchen der Staaten Lateinamerikas, sich zu „modernisieren", tritt die öffentliche Verwaltung als Subjekt und Objekt von Rahmenbedingungen von Strukturanpassung und Entwicklung wieder verstärkt in den Mittelpunkt der Reformbemühungen der nationalen Regierungen sowie der dabei unterstützenden bilateralen als auch multilateralen Geber. „Staat" ist nicht gerade „in", aber die Zeiten scheinen vorbei zu sein, in denen alles Staatliche als marginal galt. Der Handlungsdruck für Reformen hat zugenommen, und dies um die Effizienz und die Akzeptanz der öffentlichen Verwaltung zu steigern und um die politisch-administrativen Rahmenbedingungen nicht entwicklungshemmend, sondern entwicklungsfördernd auszurichten. Vor allem politische Strukturen werden unter der Überschrift 'Dezentralisierung' intensiv und ausgiebig diskutiert. Die Aufmerksamkeit gilt dabei der sog. „Public Sector Reform". Es wird hier um die jeweils richtige Policy gerungen und gestritten. Dies manifestiert sich z.B. in der inzwischen sehr sachlich geführten Diskussion um die Privatisierung von öffentlichen Unternehmen. Es galt zwar im Zuge des neoliberalen Zeitgeistes als selbstverständlich, daß nur mit der Privatisierung ein großer Schritt nach vorn gemacht werden kann. Aber auch dieses Allheilmittel hat seinen Glanz verloren und kann inzwischen sachgerecht diskutiert werden.

Es drängt sich der Eindruck auf, daß die Schwierigkeit der Verwaltungsreform überall in Lateinamerika nicht im Design, sondern in der Umsetzung zu liegen scheint. Und mit der Umsetzung ist vor allem die Übergabe seitens des Zentralstaates und die Übernahme seitens der Gemeinden von Verantwortung für alle lokalen Belange gemeint. Es ist ja nicht mit einem gesetzgeberischen Akt allein getan. Gesetze gibt es genug, und der Volksmund in Lateinamerika sagt: Sie befolgen die Gesetze, aber sie erfüllen sie nicht. Es geht vielmehr darum, daß die Verantwortlichen in den Gemeinden an der Ausgestaltung ihrer neuen Aufgaben beteiligt werden müssen und eben dafür eine Hilfestellung erhalten, um anschließend ihrer Aufgabe auch gewachsen zu sein. IULA[1], die internationale Vereinigung der Kommunen in Lateinamerika, hat vor diesem Hintergrund zusammen mit der BID ein Programm aufgelegt. In mehreren Veranstaltungsreihen sollen mit Beginn von 1995 Multiplikatoren ausgebildet werden, damit diese wiederum in der Lage sind, den erforderlichen Umgestaltungsprozeß in ihren Ländern ganz aktiv zu unterstützen. Die Teilnehmer sollen MitarbeiterInnen der kommunalen Beratungsinstitutionen und kommunalen Gemeindeverbände sein. Dieses eine Beispiel eines übernationalen Programms zeigt, daß die Reform der kommunalen Ebene als nächster Schritt in der „Modernisierung" der Staaten und Gesellschaften verstanden und angegangen wird.

Es tut sich hierbei natürlich eine ganze Reihe von praktischen Problemen auf. Und diese Probleme haben ganz spezifisch mit unserem Thema, nämlich der deutschen Diskussion um die sogenannten „neuen Steuerungsmodelle", zu tun. Auch in Lateinamerika wird darum gerungen, diese staatliche Ebene effektiver und effizienter zu gestalten. Von besonderer Bedeutung für Lateinamerika ist dabei aber, daß die Qualität des gemeindlichen Management für die Erbringung von Dienstleistungen gegenüber dem Bürger immer noch als marginales Problem angesehen wird. Der entscheidende objektive und wahrgenommene Mangel ist ohne Frage die Unterversorgung oder sogar die Nichtexistenz von Infrastruktur, wie der Wasserver- und -entsorgung, der Abfallbeseitigung oder der (un-)hygienischen Situation der Schlachthöfe und Markthallen. Der Zugang, also die Einsicht in die Notwendigkeit von Reformen auch und gerade auf gemeindlicher Ebene, erfolgt dabei in aller Regel also vom Produkt selbst her und nicht von der Frage der Herstellung des Produktes oder gar einer finanziellen Mangelsituation wie in den Industrieländern.[2]

---

[1] Unión Internacional de Municipios y Poderes Locales, Capitulo Latinoamerica mit Sitz in Quito, Ecuador.

[2] Ähnliche Erfahrungen bzgl. der Problemperzeption sind auch beim Aufbau der neuen Bundesländer gemacht worden. Aufschlußreich hierzu: *Deutsches Institut für Urbanistik*: Aktuelle Probleme der Stadtentwicklung und der Kommunalpolitik. Umfrageergebnisse 1993. Berlin 1993.

Der folgende Artikel will zu diesem Komplex einige Schlaglichter auf Reformversuche und deren Hintergründe in Ecuador werfen. Dies bezieht die Erfahrungen eines großen, nationalen Programms zur Reform des Gemeindesektors mit Hilfe des bilateralen Gebers Deutschland durch die GTZ und die multilateralen Geber Interamerikanische Entwicklungsbank, BID und Weltbank ein. Darüber hinaus wird berichtet von der Stadt Quito, die weitgehend ohne strukturierte Hilfe Reformversuche unternimmt, und der Arbeit des nationalen Gemeindeverbandes AME.

1. Verwaltungsreform auf kommunaler Ebene ist das Thema der 90er Jahre

Inzwischen wird das Thema 'Verwaltungsmodernisierung' nicht nur in wissenschaftlichen Veröffentlichungen[3], sondern auch in der Politik diskutiert.[4] Ergebniskontrolle statt Verfahrenskontrolle wird z.B. postuliert.[5] Es bleibt zweifelhaft, ob diese nicht weiter erläuterten Begriffe von den Lesern verstanden werden. Bemerkenswert ist aber, daß die Reform des öffentlichen Sektors ein Thema geworden ist.[6] Einher geht die Befassung mit dem Komplex Verwaltungsmodernisierung mit Berichten über die

---

[3] Die wissenschaftliche Diskussion begann in Deutschland aber auch erst mit Beginn der 90er Jahre; vgl. *G. Banner:* Von der Behörde zum Dienstleistungsunternehmen. Die Kommunen brauchen ein neues Steuerungsmodell, in: VOP 1/1991, S. 6-11.

[4] Ministerpräsidentin Heide Simonis benutzt in einem „Spiegelgespräch" zum Thema Modernisierung des öffentlichen Dienstes die Schlagworte „Ergebniskontrolle statt Verfahrenskontrolle" und „ Kostenrechnung statt starrer Haushaltsansätze". Vor allem aber möchte sie transparent gemacht haben, „was Leistungen wirklich kosten", in: DER SPIEGEL 2/1995, S. 34ff..

[5] DER SPIEGEL 2/1995, S. 34 ff..

[6] In derselben Ausgabe der Zeitschrift DER SPIEGEL wird z.B. über die Finanzierung von Kläranlagen, Gefängnissen und Finanzämtern durch Privatpersonen berichtet; vgl. DER SPIEGEL 2/1995, S. 78ff..

„alltägliche Korruption".[7] In der veröffentlichten Meinung von Deutschland tut sich also einiges. Daß der deutsche Staatsdiener seinen Mythos der Unbestechlichkeit und Korrektheit verliert, dies dringt auch nach Ecuador. Die DEUTSCHE WELLE, sowohl Radio als auch TV, haben z.B. im Januar 1995 mehrfach ausführlich zu diesem Bereich berichtet. Dies hat auch in der öffentlichen Meinung seinen Niederschlag gefunden. Die Reaktionen hierauf sind stereotyp: Das ist auf der ganzen Welt nicht anders als bei uns in Ecuador.[8]

Die Forderung nach einer Reform des öffentlichen Sektors durch inzwischen auch Politiker einerseits und eine tägliche Berichterstattung zu Korruptionsfällen andererseits füllt in Lateinamerika viele Zeitungsseiten. Jeder kann aus eigener Erfahrung Beispiele nennen, daß ohne Coima (lateinamerikanischer Ausdruck für Schmiergeld) oft sogar gesetzlich garantierte staatliche Leistungen nicht zu erhalten sind. In Quito ist 1994 ein Büro der Stadtverwaltung eingerichtet worden, in dem alle Bürger Beschwerden vortragen oder Anzeigen aufgeben können. 1995 ist von der ecuadorianischen Regierung zum Jahr des Kampfes gegen die Korruption ausgerufen worden. Und auch die Contralería General del Estado (eine Art Rechnungshof) hat im Februar 1995 ein Büro für Anzeigen in der Hauptstadt eröffnet.

Die Reform des öffentlichen Sektors wird aber neben der öffentlich wirksamen Bekämpfung der Korruption v.a. unter dem Stichwort Dezentralisierung geführt. Dieser Oberbegriff ist das Schlagwort. Und es verbirgt sich darunter mehr als nur die „formale" Dezentralisierung von Verwaltungsaufgaben als Ergebnis eines Prozesses der Verlagerung von Entscheidungskompetenzen aus den oberen Ebenen einer Hierarchie auf die unteren Ebenen.

Die Dezentralisierung wird mit dem Ziel diskutiert, den Staat demokratischer und damit partizipativer zu gestalten.[9] Es geht um die Reform der Gesellschaft. Fünf Kategorien werden in der Diskussion unterschieden. Dies ist zuerst einmal die Delegation von Verantwortung der Zentralre-

---

[7] Vgl. die Titelgeschichte in: DER SPIEGEL 50/1994.

[8] Reaktionen dem Autor gegenüber im privaten Gespräch mit Vertretern z.B. der Banco del Estado oder des nationalen Gemeindeverbandes von Ecuador.

[9] Einen Überblick zum Stand der Diskussion in Ecuador gibt die Monatszeitschrift „GESTION Economía y sociedad", Nr.7 Januar 1995.

gierung auf die Provinzen und Gemeinden. Damit einher geht die Erhöhung der Beteiligungsmöglichkeiten der Bürger und die Kontrolle durch die Bürger wiederum am Prozeß der politischen Entscheidungsfindung. Zur Handlungsfähigkeit der dezentralen Einheiten gehört, daß sie über Finanzmittel verfügen können. Weiter sei die operative Fähigkeit der dezentralen Einheiten, also die Qualifikation der Mitarbeiter der Provinzen und der Gemeinden, entscheidend zu verbessern. Schließlich sei dem Prinzip der Subsidiarität eben als durchgängiges Prinzip Geltung zu verschaffen. Die politischen Einheiten hätten damit die Aufgabe der Policy-Formulierung, aber nicht die Aufgabe der Durchführung der entsprechenden Aktivitäten. Diese Strukturprinzipien ziehen sich durch alle Diskussionen zur Behebung der politischen und sozialen Krise in Ecuador.[10]

Reflexionen dieser Art sind natürlich auch Resultat unzähliger internationaler Seminare von bilateralen und multilateralen Gebern. Es hat und es findet dadurch ohne Frage eine Befruchtung des nationalen Diskurses statt. Zwar darf auf konzeptioneller Ebene die Diskussion in Ecuador damit noch nicht als à jour gelten. Aber was als Policy international diskutiert wird, darf in vielen Kreisen als bekannt gelten. Was nun aber wieder erhebliche Schwierigkeiten macht, ist die Konkretisierung, die Umsetzung der dargestellten Kriterien und Prinzipien. Einige Gemeinden unternehmen deswegen auf eigene Faust den Versuch, den bestehenden gesetzlichen Freiraum zu nutzen, um ihre Stadtverwaltung in diesem Sinne zu modernisieren.[11] Dazu gehört die Stadt Quito, Hauptstadt von Ecuador, mit gut 1,5 Millionen Einwohnern.

---

[10] GESTION Economía y sociedad, Nr.7 Januar 1995, S. 10ff..

[11] Für diesen Prozeß wird vor allem der Begriff DESAROLLO INSTITUTIONAL (Organisationsentwicklung) verwendet. Die Stadt Quito nennt eine Seminarreihe, die im September 1994 begonnen wurde, zur Reform ihrer Stadtverwaltung SEMINARIO GOBIERNO LOCAL, DESAROLLO INSTITUCIONAL Y PARTICIPACION. Desarollo institucional wird dabei verstanden als die Umsetzung der Reforma Administrativa, der organisatorischen Änderung in der Stadtverwaltung.

Die Schwierigkeit, von einer kommunalen Reform-Policy zur Implementation zu gelangen

Es gab in den 80er Jahren einen Werbespruch, der besagte:"Mühe allein genügt nicht." Damit sollte gesagt werden, daß es zur Verbesserung einer Situation nicht nur der guten Absicht bedarf, sondern auch eines spezifischen Produktes. Und dieser Eindruck scheint auch in der Stadtverwaltung von Quito zu herrschen. Was nach dortiger Einschätzung fehlt, ist natürlich kein Produkt, mit dem das Problem leicht in den Griff zu bekommen wäre. Vielmehr fehlt bei aller Mühe, die nach eigener Perzeption unternommen wird, ein Zugang zur Umsetzung der Reformvorhaben, oder wie hier gesagt wird, para aterrizar, um zu landen. Im folgenden soll am Beispiel der Bemühungen des Bürgermeisters von Quito deutlich gemacht werden, wie schwer es ist, eine Reformpolitik umzusetzen bzw. sie zu konkretisieren.

Zu Beginn einer im September 1994 begonnenen Seminarreihe der Stadt Quito zur Reform des Distrito Metropolitano de Quito fragt der Bürgermeister, Dr. Jamil Mahuad: Wieviele Seminare müssen wir noch veranstalten, bis wir unsere Vorhaben umsetzen können? Dies ist natürlich zum einen ein Kokettieren und Herunterspielen der bisherigen Leistungen und Erfolge der Stadtverwaltung. Es ist aber auch die bittere Erkenntnis, daß politischer Wille, durchdachte Konzepte und motivierte Führungskräfte allein noch längst nicht ausreichen, um den Änderungswillen im Alltag wirksam werden zu lassen.

Die in der Seminarreihe behandelten Fragestellungen sind die Themen, die bei derartigen Veranstaltungen überall in Lateinamerika auf der Tagesordnung stehen. Es sind Politikbereiche wie z.B. Dezentralisierung, Privatisierung, Effizienzsteigerung der Verwaltung, Finanztransfer an die Gemeinden. Es geht damit auch in Ecuador um die inzwischen öffentlich von niemandem mehr in Frage gestellte Notwendigkeit der Modernisierung des Staates und der Entlassung in die Unabhängigkeit seiner zur Zeit noch extrem abhängigen Kommunen. Es geht aber auch um das „Wirklichkeit-werden-lassen" der städtischen Reformpolitik. Erfolgsmodelle oder etwa Blaupausen sind nicht in Sicht. Die vielen nationalen und internationalen Experten befassen sich durchgängig mit der Policy. Aber kaum einer von ihnen nähert sich der Frage der Implementation. Hier gibt es keinen Ratschlag. Wie bekomme ich denn nun die Füße auf den Boden? Wie leite ich den Prozeß des Wandels? Und - um ein Beispiel zu nennen - wie lasse ich die viel beschworene Privatisierung städtischer Dienstleistungen Realität werden? Antworten zu finden ist Aufgabe der Dirección General Administrativa, eine Art Hauptamt der Stadtverwaltung. Sie ist verantwortlich für die Neugestaltung der städtischen Administration.

Aber zuerst noch einmal zurück zur Policy. Aus welcher Quelle speist sie sich? Welche Leitgedanken liegen ihr zugrunde?[12]

Dr. Jamil Mahaud beteiligt sich an den Diskussionen der Seminarreihe mit eigenen Tagungsbeiträgen. Auf der ersten Veranstaltung führt er aus, daß er sich nach der Lektüre einiger betriebswirtschaftlicher Bücher so seine Gedanken zu den Anforderungen an eine Stadtverwaltung gemacht hat. Und er gibt einige Kernsätze wieder, von denen er sich in seinen Reformvorhaben leiten lassen möchte:

- So seien viele kleine Boote in der Brandung wendiger als ein Flugzeugträger.

- Wer etwas in der Verwaltung zu verantworten hat, soll dafür auch die Verantwortung für die Ressourcen tragen.

- Nicht in hierarchischen Kategorien soll gedacht und gehandelt werden, sondern in Prozessen der Aufgabenerledigung.

- Kontrolliert werden soll vorrangig das Ergebnis, nicht nur das Verfahren.

- Es soll nicht nur global, in Kategorien der Veränderung gesamter Systeme, gedacht werden, sondern auch in kleinen Schritten, in auch noch so marginal erscheinenden Ergebnissen.

- Und er sagt, nicht von drinnen nach draußen, sondern von draußen nach drinnen solle gehandelt werden. Der Kunde ist der Bürger und der Bürger ist König.

Dra. Patricia Herrman ist die in der Stadt Quito für die Umsetzung der angestrebten Reformen Verantwortliche. Sie führt auf einer der Veranstal-

---

[12] Die Aussagen zur Politik und zu den Versuchen der Umsetzung entstammen internen Dokumenten der Stadtverwaltung Quito und Gesprächen mit den Verantwortlichen für die Reformdurchführung.

tungen aus, was bereits unternommen wurde und was noch geplant ist. Und spätestens jetzt, bei der Darlegung der Kriterien für ihre Arbeit, drängen sich Parallelen zur Diskussion kommunaler Reformen in den Industrieländern auf.

- Es ist die Rede von der zentralen Bedeutung des Verhältnisses 'Bürger - Gemeindeverwaltung'. Eine noch zu entwickelnde organische Verbindung von beiden Seiten sei Grundlage jeglicher Reformen und Bestandteil der künftigen Verwaltungsführung. Eine Gemeinde, die ohne direkte Beteiligung der Bürger am politischen Prozeß die städtischen Probleme lösen will, kann heutzutage nicht mehr erfolgreich sein. Folglich seien z.B. Lösungen von sozialen Problemen federführend von den Verantwortlichen der betreffenden sozialen Gruppen zu entwickeln.

- Dies bedeutet auch, daß die Beschäftigung mit dem Entwurf einer Idealvorstellung der Stadt Quito, der „Gemeinde 2020", zum ersten Mal eine integrale Sicht haben soll und damit wegkommen muß von der Fokussierung auf noch so wichtige Einzelaspekte, seien es Wasser, Müll oder interne Verwaltung. Nur eine Gesamtsicht (sozial, ökonomisch, kulturell) werde es ermöglichen, zu einer realistischen Modellvorstellung und deren Implementation zu kommen.

- Dezentralisierung sei zu verstehen als Transfer von Ressourcen und Verantwortlichkeiten an den privaten oder den öffentlichen Sektor. Dezentralisierung sei mehr als die simple Aufgabenverlagerung nur innerhalb der Hierarchie des Staates. Schließlich: Man muß mit dem Markt und nicht gegen den Markt arbeiten.

Das Paradigma ist klar. Es zeigt sich hier die inzwischen überall bekannte Folie der Modernisierung. Es geht um die Neubestimmung öffentlicher Aufgaben. Nach der undifferenzierten Diskussion der 80er Jahre um die sogenannten Kernaufgaben des Staates ist das Leitbild des öffentlichen Sektors nun marktbezogen. Für den Bürgermeister von Quito und seine Führungsgruppe hat der Staat nicht einfach Rahmenbedingungen für Wirtschaft und Gesellschaft zu setzen. Vielmehr hat seine Stadtverwaltung eine Entwicklungsfunktion wahrzunehmen. Damit ändert sich die Perspektive. Es geht nicht mehr um mehr Dienstleistung. Es gilt, als Katalysator die Entwicklung der Gemeinschaft und der lokalen Ökonomie voranzutreiben. Er steht inzwischen mit diesen Vorstellungen zur Rolle und Funktion der Gemeinde nicht mehr allein.

Ein zentraler Punkt der deutschen Modernisierungsdebatte der kommunalen Ebene ist die Personalpolitik. Das Personal ist letztlich Dreh- und Angelpunkt, da es die Reformen schließlich durchführen und mit Leben erfüllen soll. Der Soll-Entwurf des neuen Mitarbeiters soll sich deswegen an einem „Public Manager" orientieren. Durch hohe Eigenverantwortlichkeit, Bürgerorientierung, wirtschaftliches Denken und Handeln und schließlich fachliche Kompetenz soll er sich auszeichnen. Und wie sich z.B. in Berlin das neu gegründete Institut für Verwaltungsmanagement diese Aufgabe gesetzt hat, so hat die Stadt Quito ihr Fortbildungsinstitut mit dem gleichen Auftrag ausgestattet. Das Instituto de Capacitación Municipal, ICAM, hat zu diesem Zweck ein Programm aufgelegt. Es wird 'Strategische Fortbildung' genannt. Es richtet sich an Führungskräfte der Stadt und ist weitgehend ohne fremde Hilfe zustande gekommen. In fünf Modulen und jeweils über mehrere Tage verteilt werden die Themen Strategische Planung, Personalführung, Haushalt und Finanzen bei dezentraler Ressourcenverantwortung, Beziehungen zu Auftragnehmern und schließlich das Management von Prozessen des Wandels behandelt. Die Quellen für diese Themen sind betriebswirtschaftlicher Art, entstammen der auch vom Bürgermeister konsultierten Literatur, die vor allem aus den Vereinigten Staaten kommt. Ein derartiges Vorgehen würde sicher wegen der fehlenden Systematik und ihrer scheinbaren Zusammenhanglosigkeit mit den Anforderungen und den Bedürfnissen der öffentlichen Verwaltung in Deutschland nicht diskussionswürdig sein. Letztlich entstammt aber auch die deutsche Diskussion dieser Quelle, wenn auch besser aufbereitet als in Lateinamerika.

Bei allen guten Absichten tut sich aber für die Verantwortlichen der Stadt Quito eine weitere Schwierigkeit auf: Die Zeit drängt. Die derzeitigen Mandatsträger haben noch knapp zwei Jahre. Dann stehen Neuwahlen an. Eine direkte Wiederwahl des Bürgermeisters gibt es nicht. Die Führungskräfte in der Stadtverwaltung, die in der Regel mit dem Wechsel des Bürgermeisters auch gehen müssen, wollen bis dahin Veränderungen eingeleitet und Fakten geschaffen haben, die ein Nachfolger nicht wieder kippen kann. Für ausgefeilte Konzepte bleibt keine Zeit.

Die Perzeption der Gemeinde als Unternehmen

Es gibt in Lateinamerika keine durchgängig eigenständige Disziplin, keine Tradition einer wissenschaftlichen Befassung mit dem öffentlichen Sektor. Fragestellungen politik- und verwaltungswissenschaftlicher Art sind deswegen kaum geläufig. Die Befassung mit dem Management der Verwaltung erfolgt in aller Regel durch die Betriebswirtschaft. Sie ist Bezugsrahmen für die Diskussion etwa der Aufbau- und Ablauforganisation. Eine gängige Aussage in Publikationen zum gemeindlichen Management ist, daß eine Gemeindeverwaltung wie ein privatwirtschaftliches Unternehmen zu analysieren, neu zu strukturieren und zu führen ist. In einem kürzlich erschienenen Politischen Lexikon von Ecuador wird dieser Gedanke in vier Artikeln ausgeführt.[13]

Die Escuela Superior de Administración Publica, ESAP, eine Art Hochschule für die öffentliche Verwaltung in Kolumbien mit einem exzellenten Ruf, hat im Dezember 1993 eine weithin beachtete Publikation zum gemeindlichen Management herausgegeben.[14] Programmatisch in der Publikation ist der erste Satz:"Die Gemeinden sind nichts anderes als große Unternehmen mit dem wichtigen Auftrag, die Wohlfahrt der Bürger zu garantieren, die in ihrem Zuständigkeitsbereich liegen."[15] Unter diesem Paradigma werden dann fünf Themenkomplexe, nämlich die Idee der Gemeinde, die Bedeutung der Führung, die Funktionen und Instrumente der Führung, die Führungsstile und schließlich die Strategien des Wandels und des Umgangs mit Widerstand ausgeführt.[16]

Die Gemeinde ist also ein Unternehmen. Der Satz wird so akzeptiert, zumindest oberflächlich. Eine Betriebswirtschaft der öffentlichen Verwal-

---

[13] LEXICO Político Ecuatoriano, herausgegeben von ILDIS, einer von der FES unterstützten politischen Bildungs- und Forschungseinrichtung. Quito 1994.

[14] *A. Puentes*: Elementos Básico de Gerencia Pública Aplicados al Municipio, ESAP Centro de Publicaciones. Bogota 1993.

[15] *A. Puentes*: Elementos Básico de Gerencia Pública Aplicados al Municipio, a.a.O., S. 9.

[16] Bemerkenswert ist auch, daß im Literaturverzeichnis über die Hälfte der angegebenen Publikationen Veröffentlichungen aus den Vereinigten Staaten sind, die sich mit dem „erfolgreichen Manager" befassen.

tung gibt es nämlich wiederum nicht. Eine wissenschaftlich begründete Hilfestellung für das „Unternehmen Gemeinde" wird und kann damit auch gar nicht angeboten werden. Die Tips bleiben auf der „mechanischen" Ebene des Leitthemas: Erfolgreich ein Unternehmen/ eine Gemeinde führen. Aber das Entscheidende ist, daß über diese Perzeption, daß eine Gemeinde nichts anderes als ein großes Unternehmen sei, ein sehr leichter Zugang zur Modernisierung, zur Änderung des eigenen Verhaltens möglich ist. Die Reformer in Deutschland oder auch in anderen Industrieländern wären sicher froh, eine derartige „ideale" Ausgangslage zu haben.

Es ist also nur zu verständlich, daß die derzeitigen Stars der internationalen Beraterszene, wie sie in Lateinamerika perzipiert werden, mit ihren Schlagworten von Lean Management, Calidad Total, Reengenering und Institutionen-Entwicklung in der öffentlichen Verwaltung verstanden werden können.[17] Wer annimmt, daß seine Gemeindeverwaltung eigentlich als nichts anderes als ein Unternehmen zu betrachten ist, der hat leichteren Zugang zu sogenannten neuen Steuerungsmodellen und einem dafür erforderlichen Controlling der Verwaltung oder dazu, daß die Ressourcenverantwortung dezentral wahrgenommen werden sollte. Es gibt damit also entscheidende Hürden in der Akzeptanz bestimmter Paradigmen nicht. Wie schwer tut sich die deutsche Verwaltung da immer noch mit dem von der Kommunalen Gemeinschaftsstelle für Verwaltungsvereinfachung (KGSt) propagierten Modell „Konzern Stadt" und dessen „Neuem Steuerungsmodell"?

2. Die Rolle von nationalen Gemeindeverbänden im Reformprozeß

Es gibt ganz wenige nationale kommunale Spitzenverbände in Lateinamerika, die tatsächlich für alle Gemeinden des Landes sprechen können. Häufig sind sie nur Interessenvertreter von politischen Parteien oder von

---

[17] Als Beispiel können genannt werden: *P. Crosby*: Liderazgo. México 1990; *W. Doyle*: Piense como un Ganador. Bogotá 1993; *P. Drucker*: El Ejecutivo Eficaz. Barcelona 1989; *D. Freemantle*. El Superjefe. Bogotá 1986.

Städten einer bestimmten Region oder Größe. Ihr Einfluß auf die nationale Politik ist gering, und sie verfügen kaum über ausreichende eigene Einnahmen für ihre Arbeit.[18] Das Bewußtsein um diese Schwäche und der Versuch, diese durch einen Verbund in Lateinamerika evtl. aufzuheben, führte zur Gründung des Red Latinoamerica de Asociationes des Municipios im April 1994 in Chile.[19] Die Initiative kam ohne externen Anstoß von den Gemeindeverbänden selbst. Unterstützt wird sie von einigen bilateralen Gebern. Als Aufgabe hat sich dieses Netz den Austausch der Erfahrungen und das gegenseitige Lernen gesetzt. Und dies schließlich mit dem Ziel, sich an der Debatte um die Dezentralisierung ihrer Staaten qualifizierter zu beteiligen und den Einfluß in den jeweiligen nationalen Policy-Prozessen zu erhöhen. Ziel der Beteiligung ist dabei wiederum "...die Suche nach der neuen Rolle für die lokalen Regierungen im Prozeß der Dezentralisierung..."[20]

Ecuador hat einen vergleichsweise starken und konsolidierten und seit 50 Jahren bestehenden Interessenvertretungsverband, in dem alle Gemeinden von Ecuador Pflichtmitglied sind. Seine Wurzel hat der Verband in einer schweren politischen und wirtschaftlichen Krise in den vierziger Jahren. Die Zentralregierung rief deshalb 1941 die Gemeinden zu Hilfe. Sie sollten in nationaler Konzentration der ratlosen Regierung in Quito helfen. 1943 trafen sich die Gemeinden aus eigener Initiative wieder. Der gegründete Interessenverband war rein politischer Natur: Lobby für die aufkeimende kommunale Kraft. Man nannte sich deswegen auch Asociación de Municipios (der Gemeinden) Ecuatorianas und nicht wie heute de Municipalidades (der Gemeindeverwaltungen) Ecuatorianas. Die Abkürzung AME aber blieb bis heute bestehen.

Mit dem Ley de Régimen Municipal erhielten die Gemeinden 1966 für die Rolle und Funktion ihres Verbandes gesetzliche Vorgaben. Zwei

---

[18] Die Mittel kommen fast immer von bilateralen Gebern. So fördert oder förderte etwa die Konrad Adenauer Stiftung in Lateinamerika (Argentinien, Bolivien, Chile, El Salvador, México, Panama, Peru) mit personellen und finanziellen Ressourcen kommunale Vereinigungen resp. Verbände, die in der Regel auch über Beratungsinstitutionen verfügen.

[19] Declaración de Temuco (Tagungsort des zweiten Treffens der Gemeindeverbände in Chile).

[20] Declaración de Temuco (Tagungsort des zweiten Treffens der Gemeindeverbände in Chile).

Jahre später, 1968 auf dem vierten nationalen Kongreß der ecuadorianischen Gemeinden, zeichneten die damals 103 existierenden Gemeinden die Gründungsakte. Der Verband erhielt eine legale Basis und einen festgeschriebenen Platz im politischen System. Es galt auch fortan nicht mehr, prioritär politische Arbeit zu leisten, sondern sich vor allem auch um die Verwaltungskraft der Gemeinden zu bemühen. In offizieller Sprache heißt das, die Autonomie der Gemeinden zu stärken, die lokalen Verwaltungen zu qualifizieren, mit der Zentralregierung Programme zur Gemeindeförderung zu erarbeiten und durchzuführen. Aber erst nach 20 Jahren wurde der im Ley de Régimen Municipal festgelegte Auftrag umgesetzt. Das heute in AME integrierte Fortbildungsinstitut, Instituto de Formento y Desarollo Municipal (Infodem), wurde 1987 gegründet und begann mit einem Jahresetat von gut 75 000 DM. Heute sind es über 1 Mio DM, die von gut 30 Mitarbeitern umgesetzt werden. Davon können andere Verbände nur träumen.

AME wird geführt von einem auf vier Jahre gewählten Generalsekretär, der sich mit einem 14-tägig tagenden Comite Ejecutivo (bestehend aus fünf Bürgermeistern) abstimmt. Die Mitgliederversammlung, die Asamblea Nacional, von AME, die jährlich tagt, berät und beschließt die grobe politische Linie, die daraus folgenden „Projekte" und den dafür erforderlichen Haushalt. Insgesamt eine solide Grundlage, um im nationalen Konzept der politischen Meinungsführer gehört zu werden. Die Asamblea vom Dezember 1994[21] war zum einen geprägt durch die Wahl des neuen politischen Vertreters des Verbandes, seines Präsidenten. Und da 1996 Präsidentschaftswahlen in Ecuador anstehen, war dies eine hochrangige parteipolitische Angelegenheit. Aber unter den gut 140 anwesenden von 197 Bürgermeistern des Landes gab es ein weiteres wichtiges Thema: Die Modernisierung des Staates und seine Konsequenzen für die Gemeinden war Gegenstand von zwei der drei Arbeitsgruppen. Dieses Thema will man nicht mehr nur der Regierung und deren verschiedenen Modernisierungskomitees überlassen.[22]

---

[21] Der Autor hat an dieser Asamblea Nacional teilgenommen und eine der drei Arbeitsgruppen geleitet. Die Aussagen entstammen sowohl Dokumenten der Asamblea als auch Wortbeiträgen in den Arbeitsgruppen.

[22] Federführend ist das 1994 gegründete Consejo Nacional de Modernización, CONAM, eine Beratergruppe des Präsidenten.

Der Verdruß fast aller Bürger in Ecuador über das herrschende politische System führt immer mehr zum Druck auf die Legitimität. Gewählt zu sein reicht allein nicht mehr aus. Der Paternalismus ist zwar nach wie vor Grundtenor der politischen Arbeit. Die Bürgermeister haben durch die zunehmende Kritik an ihrer Verwaltungsführung festgestellt, daß sie ihre Legitimität tagtäglich unter Beweis stellen müssen. Und sie haben auch festgestellt, daß dies z.B. über die Transparenz ihres Handelns möglich ist. Und Transparenz des Handelns hat viele Facetten. Facetten, die uns aus der Diskussion der neuen kommunalen Steuerungsmodelle sehr bekannt erscheinen.

Was die Bürgermeister erörterten ist ungefähr mit den folgenden Schlagworten zu charakterisieren:

- Qualifizierung des Verwaltungspersonals zum eigenständigen Handeln
- Kundenorientierung
- Zusammenarbeit mit den betroffenen Bevölkerungsgruppen bei der Erbringung kommunaler Leistungen
- Priorisierung von Aufgaben zusammen mit der Bevölkerung
- Ausrichtung des Verwaltungshandelns auf Projekte und damit auf Ergebnisse
- Ausrichtung des Haushaltssystems auf „Presupuesto por Proyectos" (Haushaltsrechnung entsprechend dem Einzelprojekt)
- Nutzung von Angeboten privater Dienstleister zur Leistungserbringung gemeindlicher Aufgaben.

Diese Aussagen kommen nicht strukturiert. Sie werden nicht als Konzept vorgetragen. Sie spiegeln vielmehr die Erfahrungswelt wieder und drükken Ideen aus, wie die Situation in den Gemeinden möglicherweise verbessert werden kann.

Darüber hinaus wurde zum erstenmal versucht, ein Verständnis der Gemeinde zu artikulieren, das die Gemeinschaft aller Bürger in ihrer Gesamtheit umfaßt. Es soll nicht mehr um Verwaltung hier und Bürger dort gehen. „Die neue Rolle der Gemeinde", die keiner fassen kann, wird immer wieder beschworen. Einigkeit bestand aber z.B. darin, daß die Gemeinde nicht mehr nur Anbieter von Dienstleistungen sein kann. Sie sollte vielmehr als Katalysator die Gemeinschaft in all ihren Facetten entwickeln. Alles Ideen, die AME in diesem Jahr mit Hilfe der GTZ aufgreifen und entwickeln soll. Und in diesem Kontext wurde auch über die Legitimität der politischen Vertreter der Gemeinden gesprochen. Für das Erreichen der Legitimität des Handelns der Gemeindeverwaltungen sollen verstärkt - so die Bürgermeister selbst - Beziehungen zum Bürger geknüpft werden. Da dies nicht direkt mit allen möglich ist, soll mit Vertretern von Bürgergruppen gearbeitet werden. Das ganz praktische Problem aber ist nun, wie finden wir diese Vertreter und wie können wir mit diesen umgehen? AME wurde beauftragt, hierfür Seminare zu entwickeln und anzubieten.

Und dieser Auftrag an AME ist symptomatisch für den Wunsch, die Modernisierungsdebatte zu rationalisieren. Die eigene Organisation wird gebeten, sich systematisch sowohl eine politische Position zu erarbeiten als auch ganz konkrete Hilfeleistungen zu leisten. Meinung allein reicht nicht mehr. Trat der Verband vor Jahren noch vor allem mit Streikaufrufen an die Öffentlichkeit, so ist er heute als kompetenter Gesprächspartner gefragt. Sicher auch ein Verdienst der GTZ, die mit AME im landesweiten Gemeindeentwicklungsprogramm, Programa de Desarollo Municipal y Infraestructura, PDM, für das Ziel arbeitet, die Gemeindeverwaltungen leistungsfähiger werden zu lassen, um die ihnen obliegenden Funktionen wahrzunehmen. Mit AME wird z.B. auf dem Hintergrund der Erfahrungen der kommunalen Reformen der Industrieländer gearbeitet, um eine eigene Position des Verbandes zu entwickeln. Und gegenüber anderen Gebern verfügt die deutsche Seite über einen „komparativen" Vorteil ganz eigener Art.

Christoph Reichard faßt den deutschen Vorteil in der internationalen Reformdebatte so zusammen: „'Dank' unseres beträchtlichen Rückstandes zur internationalen Entwicklung (im Vergleich zu den anderen Industrieländern, Anmerk. d. Verf.) finden wir hinreichend viele tragfähige und erprobte Lösungsansätze sowie transferierbare Instrumente im Ausland - und nicht allein im niederländischen Tilburg! - vor. Wir müssen diese Konzepte und Instrumente lediglich den deutschen Bedingungen anpassen. Es geht also weniger um den Entwurf neuer Konzepte, sondern um die Umsetzung."[23] Nirgends wird aufgrund dieser Nachzüglerrolle die internationale Reformerfahrung so gut und so systematisch aufgearbeitet wie in Deutschland. Und wir können auch noch gar nicht auf ein spezi-

---

[23] *C. Reichard*: Umdenken im Rathaus. Berlin 1994, S. 11.

fisch deutsches Modell zurückgreifen, das wir unseren Partnern anbieten könnten. Vielmehr - und dies ist ein immenser Vorteil - verfügen wir über Erfahrungen im Transfer von internationalen Erfahrungen auf die deutsche Verwaltung. Mit AME läßt es sich auf dieser Grundlage systematisch und bezogen auf die eigenen Problemstellungen sehr gut arbeiten. Die Nutzung der deutschen Erfahrungen dient als Kompaß und Orientierung und wird nicht als Modelltransfer verstanden. Denn in Ecuador wie in anderen lateinamerikanischen Staaten besteht das Problem gerade im Transfer. Hilfe beim Transfer und damit der Nutzung der internationalen Erfahrungen der staatlichen Modernisierung auf die jeweilige spezifische lokale Situation wird nachgefragt.

3. Über Kreditberatung zur Verwaltungsreform

Neben der Arbeit mit AME hat die GTZ im Rahmen des PDM noch eine weitere Aufgabe. Sie ist Partner der Banco del Estado, BdE, der Entwicklungsbank von Ecuador. BdE ist seit gut fünf Jahren die federführende Organisation für die Durchführung des PDM.

Das PDM wird außer mit ecuadorianischen Institutionen mit der Weltbank und BID durchgeführt. Die beiden multilateralen Banken haben 1990 ein Darlehen zur „Förderung der Gemeindeentwicklung und Finanzierung städtischer Infrastruktur" gewährt. Mit dem nationalen Beitrag beläuft sich das Investitionsvolumen auf gut eine halbe Milliarde DM. Der deutsche Beitrag soll dabei das Kreditprogramm konzeptionell ergänzen und dessen Wirksamkeit und Nachhaltigkeit durch die Beratung der kreditaufnehmenden Gemeinden verstärken. Mittels eines Systems der Gemeindeberatung, das Methoden und Instrumente zur Verbesserung des städtischen Management umfaßt, soll die Verwendung der Kreditmittel rationaler erfolgen und stets gekoppelt sein an die Verbesserung der kommunalen Leistungsfähigkeit. Dies schließt dann auch die Planung und Vorbereitung der jeweiligen Investitionsvorhaben ein. Diese Infrastrukturvorhaben sollen besser als in der Vergangenheit an die Bedürfnisse der Bevölkerung angepaßt werden. Mit einigen Worten ist damit ganz grob umrissen, was ein Projektteam von fast 200 Personen zu bewältigen hat.

Nun wurden ja schon immer für Infrastrukturmaßnahmen Kredite auch dieser Größenordnung und auch in Ecuador vergeben. Aber mit der Fertigstellung der Wasserver- und -entsorgung, der Abfalldeponien, der Schlachthöfe, der Markthallen etc. hatte es sich dann auch schon. Werterhaltung durch gutes Management und qualifiziertes Personal galt zwar als erforderlich, auch um die Kredite zurückzuzahlen. Eingeklagt wurde diese Bedingung für die Kreditvergabe nie. In neuen Projekten will man natürlich nicht die Fehler der alten wiederholen. Und mit diesem Vorsatz wurde für das PDM eine umfangreiche Beratungskomponente vereinbart. Beratung, um die Werterhaltung zu sichern und den Dienstleistungsgedanken der Verwaltung gegenüber dem Bürger zu verankern. Letztlich also die Gemeindeverwaltung dahingehend zu stärken, die ihnen obliegenden Funktionen aus eigener Kraft wahrzunehmen. Aber wie ist solch eine Bewußtseinsveränderung, und darum geht es schließlich bei der TZ, herbeizuführen?

Ein Projekt ist auch immer für alle Beteiligten eine Lernsituation. Und so kam man schließlich auf einen eigentlich ganz simplen Zugang, auf eine Idee, die nicht nur aus der Luft gegriffen war, sondern plausibel erschien, weil sie als Grundgedanke bereits existierte. Die sehr gängige Analogie, daß eine Gemeinde als nichts anderes wie ein Unternehmen zu betrachten sei, wurde genutzt, um Verständnis für mehr Rationalität in der Organisation und der Arbeit und damit dem Umgang mit Krediten zu schaffen. Ein Fremdgehen mit den Betriebswirten, die sich - wie oben ausgeführt - anbieten, um schließlich mit den Verwaltungswissenschaftlern anzubändeln, war die naheliegende Lösung. Und natürlich eine Konzession an den politischen neoliberalen Zeitgeist.

Die Bürgermeister und Stadtverordneten sind in ihrem Alltag auf politische und rechtliche Probleme des Apparates fixiert. Das komplexe System Gemeinde muß in seiner Wahrnehmung - übrigens auch bei den Beratungsteams des PDM - „versachlicht" und „entpolitisiert" werden, um leichter über Reformen und damit Änderungen der Organisationsform und Arbeitsweise der Verwaltung diskutieren zu können. Und dazu wurde unausgesprochen die bekannte Analogie genutzt[24]: das Image des erfolgreichen privaten Sektors.

---

[24] Erst später wurde diese Idee systematisiert. Die Erfahrungen und die Inhalte finden sich in: *A. Puentes*: Manejo del Componente Gerencial en el Proceso de Asistencia Municipal, BdE / GTZ. Quito 1994; *A. Puentes*: Elementos

- Das private Unternehmen ist bezüglich seiner angenommenen Effizienz und Effektivität durchgehend positiv belegt.
- Das „Unternehmen" kann somit als Vorbild dienen.
- Seine Funktionsweisen erscheinen universal gültig.
- Wenn also die Gemeindeverwaltung als Unternehmen zu betrachten ist, dann fällt es - diese Erfahrung wurde gemacht - auch leichter, alle Bürger, und nicht nur die „Parteigänger", als Klienten zu sehen.
- Die Idee des scheinbar unpolitischen Unternehmens „Dienstleister-Gemeinde" ist neutraler zu vermitteln, und VerHandlungen mit der Gemeinschaft sind für die Gemeinde so leichter zu führen.
- Schließlich zurückzukommen auf die politische Funktion der Gemeinde als Motor der gesellschaftlichen Entwicklung ist nicht mehr so schwierig. Denn im Grunde ist diese Funktion der Gemeinde als Motor der gesellschaftlichen Entwicklung nicht mehr so schwierig, weil sie ohnehin wahrgenommen und entsprechend gearbeitet wurde. Nur eben unter einem anderen Etikett. Dieses Etikett war nicht neu, wie oben dargestellt wurde. Es wurde aber vorher niemals so gezielt eingesetzt.

Unter diesem Paradigma wird ein standardisierter Ablaufplan der Beratung für die Gemeinden entwickelt, den die politischen Entscheidungsträger akzeptieren können, ohne das Gefühl zu entwickeln, in ihre Autonomie werde eingegriffen. Und es wird auch nicht in ihre Autonomie eingegriffen. Aber es wird, wie die Erfahrung von drei Jahren mit diesem Vorgehen zeigt, konkret an der Verbesserung der Leistungsfähigkeit der Gemeindeverwaltungen mit der Gemeindeverwaltung gearbeitet. Die Beratungsteams kommen nicht mit vorgefertigten Konzepten oder Modellen, sondern ihr Angebot ist, mit der Schablone des „Unternehmens-Modells" zur punktuellen Verbesserung der Situation der Verwaltung zu arbeiten. Und wie wir gesehen haben, sind die Themen und deren Facetten fast identisch nit denen der Diskussion der Industrieländer bezüglich kommunaler Reformen. Ohne sich also explizit auf die neuen Steuerungsmodelle oder die Idee des Konzerns Stadt zu beziehen, ist ein Transfer erfolgt. Die GTZ hat damit in einem Projekt sich als Partner für kom-

Basicos de gerencia Publica Aplicados al Municipio, BdE / GTZ. Quito 1994.

munale Reformen angeboten, ohne eine Blaupause zu liefern. Und hier scheint auch der entscheidende Vorteil der Nutzung der Erfahrungen der Industrieländer im kommunalen Reformbereich zu liegen. Die „neuen Steuerungsmodelle", das „New Public Management" oder wie immer die Bezeichnungen lauten, eignen sich als Analyseinstrument und Raster für die Entwicklung einer Reformstrategie. Einer Strategie nicht allein für die Policyentwicklung, sondern auch und gerade die ganz konkrete Beratung und Umsetzung in Gemeinden - übrigens - aller Größen.

4. Abschließende Betrachtungen

„Wieviel Beratungsseminare benötigen wir noch, bevor wir anfangen, unsere Ideen Wirklichkeit werden zu lassen?", fragte Dr. Jamil Mahuad bei der Eröffnung der Seminarreihe seiner Stadtverwaltung. Bereits weiter oben hatten wir ihn so zitiert. Was hätte die deutsche PZ auf der Grundlage der kommunalen Reformen der letzten 10 Jahre denn vor diesem Hintergrund und der verständlichen Seminarmüdigkeit mehr, als ebenfalls nur Seminare anzubieten?

Auf der in dieser Publikation dokumentierten Tagung der DSE/ZÖV im November 1994 in Berlin wurden Kernelemente des „New Public Management" herausgearbeitet, um sie in Dialogseminaren in Lateinamerika anzubieten. Und die Übereinstimmung mit den z.B. in Ecuador von den Bürgermeistern definierten Handlungsfeldern ist frappierend.

Wichtig sei es sich zu befassen mit:

- der Autonomie von Organisationseinheiten, der sogenannten Divisionalisierung
- der Herstellung von Kostentransparenz
- der Orientierung an Kundenbedürfnissen
- dem internen Wettbewerb respektive der Vergabe nach wirtschaftlichen Gesichtspunkten.

Fragestellungen, die die konkrete Umsetzung betreffen und von zentraler Bedeutung für ein deutsches Angebot sein sollten, sind:

- die Steuerung dezentraler Einheiten respektive die Trennung von politischer Verantwortung und Durchführungsverantwortung
- das Controlling
- die erforderlichen organisatorischen Änderungen und die Personalqualifizierung.

Die zentrale Anforderung ist damit, sich als Partner für die ganz konkrete Realisierung von kommunalen Reformen anzubieten. Keine Theorie mehr, keine Darlegung noch so erfolgreicher Reformen deutscher Kommunen ist gefragt.

Die Erfahrungen in Ecuador haben gezeigt, daß eine Strukturierung von Reformerfahrungen ein exzellentes Dialogmuster sein kann und daß eingefahrene Denk- und Argumentationskategorien und Strategien aufzulösen sind. Das Angebot an unsere Partner darf damit kein neues (deutsches) Verwaltungsmodell sein, sondern muß ein Analyseraster und eine Hilfestellung sein, strukturiert mit den eigenen Vorgaben umzugehen. Und unsere Partner wünschen sich einen Dialog, der auf der Grundlage ihrer politischen Prämissen systematisch und analytisch Hilfe bietet.

Dialogmaßnahmen zur Bearbeitung realer Probleme, die helfen, sich gezielter einer Lösung zu nähern, sind also gefragt. Die Zielgruppe sollten die für die Umsetzung Verantwortlichen, i.d.R. die Bürgermeister und der Rat, sein. Aber auch die Führungsebene der Verwaltung ist einzubinden. Mit Politikern sollten wir arbeiten, damit die Führungskräfte konkret reformerisch wirken können, damit sie den nötigen Freiraum und Rückhalt für Veränderungen bekommen. Verwaltungsmodernisierung kann man mit punktuellen Interventionen nicht lehren und nicht lernen. Man kann sich aber mit DIALOG-Maßnahmen als systematisierender fachlich kompetenter Gesprächspartner anbieten. Dies ist die geradezu klassische Aufgabe der DSE / ZÖV.

Hildegard Lingnau

Neue Managementkonzepte und Verwaltungsreformen in Entwicklungsländern

Erfolgsaussichten, Erfolgsvoraussetzungen und Schlußfolgerungen für die Verwaltungszusammenarbeit mit Entwicklungsländern

1. Staat und Verwaltung als Entwicklungshemmnis

Problemaufriß

Staat und Verwaltung stellen in Entwicklungsländern oft ein Entwicklungshemmnis dar. Dies trifft vor allem für Länder in Afrika südlich der Sahara zu, wo der Staatsapparat zumeist als kleptokratischer Kommandostaat zu beschreiben ist. Dieses Erscheinungsbild ist historisch und politisch bedingt: In der Kolonialzeit haben viele Entwicklungsländer Afrikas südlich der Sahara Staat und Verwaltung als Ausbeutungsapparat erfahren, nach der Unabhängigkeit wurden in fast allen Ländern Afrikas südlich der Sahara und unabhängig von deren jeweiligen politischen Ausrichtung etatistische Entwicklungsmodelle verfolgt, und im Rahmen der Entwicklungszusammenarbeit erwies sich die Sicherung von Renten und Privilegien für die herrschenden Eliten oft als profitabler als entwicklungsorientiertes Engagement.

Im Kontext von Strukturanpassungspolitiken geraten die betreffenden Länder, deren Staatsbudgets zu einem Großteil aus EZ-Mitteln finanziert werden, unter massive Sparzwänge. Aufgrund der abnehmenden Bereitschaft der Geber, wenig entwicklungsorientierte Regime zu alimentieren, entsteht über den Sparzwang hinaus erstmals auch ein weitergehender, qualitativer Reformdruck.

Bisherige Problemwahrnehmung und Lösungsansätze

Die bisher unternommenen Lösungsversuche waren in ihrem Fokus und ihren Ergebnissen begrenzt. Strukturanpassungspolitiken und Public Sector Management-Projekte und -Programme haben prioritär die (relativ undifferenzierte) Begrenzung öffentlicher Auf- und Ausgaben im Blick, ohne sich für eine qualitative Verbesserung nicht-kommerzialisierbarer Verwaltungen zu interessieren.

Erst Anfang der 90er Jahre ist verschiedenen Akteuren deutlicher geworden, daß es um mehr geht: um politische und bürokratische Verantwortlichkeit, die durch kompetente öffentliche Institutionen und ein funktionierendes Rechtssystem zu gewährleisten sind, kurz: um "good governance".[1]

Auf internationaler Ebene sind seitdem verschiedene Initiativen und Organisationen entstanden, die sich explizit dieser Problematik widmen, so beispielsweise die Africa Capacity Building Initiative, das Management Development Programme, das African Management Development Network und das Observatoire de la Fonction Publique. Im Rahmen der deutschen Entwicklungszusammenarbeit wurde die "Entwicklungsorientierung des staatlichen Handelns" 1991 zum Vergabekriterium gemacht. Darunter wird verstanden, daß der Entwicklungsstaat sich seiner Kernaufgaben annimmt und diese effizient erfüllt.[2] 1993/4 schließlich hat der Entwicklungsausschuß der OECD Richtlinien für die Förderung von "good governance" verabschiedet[3] und die "Verbesserung der Funktionsweise der Regierungsapparate und des öffentlichen Dienstes" zum Grundsatz für wirksame Entwicklungshilfe erklärt.[4]

---

[1] Vgl. dazu *P. Landell-Mills und I. Serageldin*: Regierungsführung und Entwicklungsprozeß, in: Finanzierung und Entwicklung, September 1991, S. 14-17 und *World Bank*: Governance and Development. Washington 1992.

[2] Vgl. *C.-D. Spranger*: Neue politische Kriterien des BMZ. Rede vor der Bundespressekonferenz. Bonn 10.10.1991.

[3] Vgl. *OECD*: Draft DAC Orientations Paper on Participatory Development, Good Governance, Human Rights and Democratisation. Paris 1993.

[4] Vgl. *OECD*: DAC-Grundsätze für wirksame Entwicklungshilfe. Paris 1994.

Rolle des Staates im Entwicklungsprozeß

Es ist somit von den EZ-Institutionen allgemein anerkannt, daß marktwirtschaftlich orientierte Wirtschaftssysteme zur Sicherung der eigenen Funktionsfähigkeit eines durchsetzungsfähigen Staates und einer funktionierenden Verwaltung bedürfen. Unverzichtbare Leistungen, die Staat und Verwaltung zu erbringen haben sind vor allem strategische Policy-Funktionen wie Diskussion, Konzeptionalisierung, Formulierung und Steuerung von Gesellschafts-, Wirtschafts- und Sozial-Politiken. Darüber hinaus haben Staat und Verwaltung übergeordnete (hoheitliche) Aufgaben zu erfüllen, so z.b. innere und äußere Sicherheit, Rechtsstaatlichkeit sowie die Achtung der Menschenrechte zu gewährleisten. Operative Tätigkeiten können, aber müssen nicht zwingend von staatlichen Institutionen erbracht werden. So können bildungs-, gesundheits- und sozialpolitische Dienstleistungen grundsätzlich auch privat oder parastaatlich erbracht werden. Es kommt dann besonders darauf an, daß Staat und Verwaltung in der Lage sind, die notwendigen Steuerungs- und Kontrollaufgaben wahrzunehmen. In Entwicklungsländern sind Staat und Verwaltung darüber hinaus stärker als in Industrieländern gefordert, grundlegende Vorleistungen zu erbringen, sofern diese (noch) nicht von anderen geleistet werden können - so z.B. in den Bereichen Infrastrukturentwicklung, Privatsektor- und Investitionsförderung.

Um Handlungsspielräume zu vergrößern und eine Konzentration von Staat(sausgaben) und Verwaltung(saktivitäten) auf die als wesentlich erachteten Bereiche zu erleichtern, sollten Staat und Verwaltung von Tätigkeiten, die nicht notwendig von ihnen, vielleicht sogar besser und kostengünstiger von anderen erbracht werden können, entlastet werden. Dazu zählen kommerzialisierbare Aktivitäten (wie landwirtschaftliche und industrielle Produktion, Verarbeitung und Vermarktung, Infrastrukturentwicklung, Versicherungswesen etc.), unter Umständen aber auch klassische Verwaltungsbereiche wie Post, Schul- und Gesundheitswesen.

New Public Management - Ansätze und Erfahrungen

Der normative Anspruch guter Regierungsführung von Politik und Verwaltung wurde breit diskutiert und ist mittlerweile weitgehend unumstritten. Wenig diskutiert wurden bisher allerdings *Leitbilder*, wie Verwaltungen unter Entwicklungsländer-Bedingungen ihre Aufgaben besser und effizienter erfüllen können und *Erfahrungen* mit der Umsetzung entsprechender Reformen. Dabei hat sich hier in den letzten Jahren einiges getan: Die New-Public-Management-Debatte[5] hat interessante konzeptionelle Ansätze zum Thema Reform öffentlicher Verwaltungen geliefert, und die Erfahrungen einiger Industrieländer-Verwaltungen[6] zeigen, daß entsprechende Reformen möglich und erfolgreich sind.

Von den unter dem Begriff "New Public Management" subsumierten Reformkonzepten und -ansätzen ist vor allem das lean administration-Konzept interessant, da es einen umfassenden Ansatz darstellt, der sich zudem in verschiedenen Kontexten - in privaten Betrieben wie in der öffentlichen Verwaltung - bereits bewährt hat.

---

[5] Vgl. beispielsweise *OECD*: Administration as service - The public as client, Paris 1987 und *H. Hill und H. Klages* (Hrsg.): Qualitäts- und erfolgsorientiertes Verwaltungsmanagement - Aktuelle Tendenzen und Entwürfe. Berlin 1993.

[6] Zur Zeit führen ca. 50 deutsche Kommunen New-Public-Management-Reformen durch. Reformen auf kommunaler Ebene wurden im Rahmen der Speyerer Qualitätswettbewerbe und der Bertelsmann-Preis-Vergabe 1993 dokumentiert und ausgezeichnet (vgl. dazu *H. Hill und H. Klages* (Hrsg.): Spitzenverwaltungen im Wettbewerb. Eine Dokumentation des 1. Speyerer Qualitätswettbewerbes 1992. Baden-Baden 1993, und *Bertelsmann Stiftung* (Hrsg.): Carl Bertelsmann-Preis - Demokratie und Effizienz in der Kommunalverwaltung. Gütersloh 1993.). Kommunale New-Public-Management-Reformen in 12 anderen Industrieländern stellt *Reichard* vor (vgl. *C. Reichard*: Kommunales Management im internationalen Vergleich, in: Der Städtetag 12/1992.). Als Beispiel für New-Public-Management-Reformen auf Landesebene kann Berlin genannt werden. Dort werden bis Ende 1995 23 Bezirke und 4 Senatsverwaltungen restrukturiert. Landesweite New-Public-Management-Reformen wurden u.a. in Großbritannien, Kanada, Neuseeland und den USA durchgeführt.

2. Lean administration als Konzept zur Reform öffentlicher Verwaltungen in Entwicklungsländern

Lean production

Lean administration ist ein Konzept zur Reform öffentlicher Verwaltungen, das sich vom lean production-Konzept herleitet. Dies umfaßt im wesentlichen folgende Elemente:

- Ausrichtung aller Aktivitäten eines Unternehmens an der Wertschöpfungskette
- intra- und interorganisatorische Kooperationsorientierung (incl. permanenter Qualifizierung der Mitarbeiter und Mitarbeiterinnen)
- präventive und integrierte Qualitätssicherung durch kontinuierliche Verbesserungsaktivitäten
- beteiligungsorientierte Unternehmenskultur incl. offener Kommunikation.

Diese Ansätze und Instrumente sind z.T. nicht neu. Das Besondere des lean management-Konzeptes liegt in der Verbindung verschiedener, sich gegenseitig unterstützender oder sogar bedingender, z.T. aber durchaus altbekannter Ansätze zu einem umfassenden Reformansatz.

Lean administration

Für öffentliche Verwaltungen läßt sich das lean management-Konzept wie folgt übersetzen:

- Ausrichtung von Verwaltungshandeln an der "Wertschöpfungskette" durch "management by objectives" und Einführung von Ergebnis- und Kostenverantwortung, kurz: Dezentralisierung und Entbürokratisierung. Voraussetzung dafür ist die Einführung von Leistungs- und Kostenrechnung, die Vergleiche und Wettbewerb zwischen Verwaltungen und Privaten ermöglichen, sowie die Definition von "Produkten" (und deren Erstellungsprozeß), die Ergebnis- statt "Ereignis"-Steuerung ermöglicht.

- Kooperationsorientierung durch Enthierarchisierung und Projektorganisation (Divisionalisierung) sowie Qualifizierung der Mitarbeiter und Mitarbeiterinnen. Voraussetzung dafür ist vor allem eine aktive Personalentwicklungspolitik.
- Qualitätsmanagement ("Total Quality Management") und Institutionalisierung von MitarbeiterInnen- und BürgerInnenkritik ("Kaizen").
- Entwicklung einer Verwaltungskultur, die sich durch beteiligungsorientiertes Management und offene Kommunikation (Informationstransparenz, Informationsmanagement, Nachfrage-, d.h. BürgerInnenorientierung) statt durch hoheitlichen Paternalismus und autoritären Führungsstil auszeichnet.

Lean administration bedeutet also nicht in erster Linie Abbau öffentlicher Verwaltungen, sondern vielmehr deren an Qualitätsverbesserung ausgerichteten Um-, in bestimmten Bereichen (wie z.B. der Sozial-, Umwelt- und Frauenpolitik) sogar überhaupt erst deren Aufbau. Idealiter wird ein "schlanker" Staat mehr und bessere Dienstleistungen für seine "Klienten" und "Klientinnen" erbringen.

Aufgrund des Interesses von Regierenden an Herrschaftssicherung und der strukturell geringeren Artikulationsmöglichkeit von Leistungsempfängern tendieren Verwaltungsreformen in der Praxis allerdings immer wieder dazu, eher sozial- und wohlfahrtsstaatliche Leistungen als Ordnungs- und Hoheitsverwaltungen abzubauen. Es muß daher darauf geachtet werden, daß Verwaltungsreformen dieser Art nicht zum Raubbau an Staat und Verwaltung mißbraucht und öffentliche Dienstleistungen unvertretbar ausgedünnt werden. Dem kann und muß durch frühzeitige und umfassende Einbeziehung aller beteiligten Akteure, vor allem der "Kunden" und "Kundinnen", entgegengewirkt werden.

Lean administration in Entwicklungsländern

Die skizzierte Gefahr, daß öffentliche Verwaltungen übermäßig abgebaut und Versorgungs- und Dienstleistungslücken entstehen, ist in Entwicklungsländern Afrikas südlich der Sahara insofern wesentlich geringer als in Industrieländern, als Staat und öffentliche Verwaltung in entwicklungspolitisch wichtigen Bereichen wie z.B. im Bildungs-, Gesundheits- und Sozialbereich kaum präsent sind. In Afrika südlich der Sahara ist der

Staat weniger ein Sozial- und Wohlfahrtsstaat als ein kleptokratischer Kommandostaat.

Lean administration wird daher für die Mehrheit der Bevölkerung in Entwicklungsländern vor allem positive Auswirkungen haben. Entsprechende Verwaltungsreformen können unter bestimmten politischen Bedingungen dazu beitragen, die zur Verfügung stehenden knappen Ressourcen auf unerläßliche und entwicklungsfördernde Tätigkeiten zu konzentrieren, die Rechenschaftspflichtigkeit der Regierung zu befördern, Spielräume für Selbstbedienung, Klientelismus und Korruption zu reduzieren sowie eine stärkere Kontrolle der Staatstätigkeit und größere Einflußnahme der Bevölkerung zu ermöglichen.

3. Erfolgsaussichten und Erfolgsvoraussetzungen von lean administration in Entwicklungsländern

Erfolgsaussichten

Aussicht auf Erfolg haben Verwaltungsreformvorhaben in Entwicklungsländern Afrikas südlich der Sahara vor allem deshalb, weil der Reformdruck zu groß ist, als daß Veränderungen weiterhin vermieden werden könnten. Die bisherigen Strukturen, Politiken und Ausweichmanöver sind nicht mehr durchzuhalten. Viele Staaten sind schlichtweg bankrott. In den Ländern, die mit den Bretton-Woods-Institutionen kooperieren, sehen die Strukturanpassungsprogramme eine deutliche Reduzierung des Verwaltungsapparates vor. In den übrigen Ländern dürfte die Außenfinanzierung im Zuge der politischer werdenden Entwicklungszusammenarbeit deutlich schwieriger und die Durchführung von Verwaltungsreformen immer unvermeidbarer werden.

Von außen induzierter Reformdruck kann aber nur Auslöser oder Katalysator von Reformprozessen sein. Damit diese erfolgreich sein können, bedarf es weiterer Erfolgsvoraussetzungen.

Erfolgsvoraussetzungen

- Neue Managementkonzepte können auch in Entwicklungsländern nur erfolgreich genutzt werden, wenn von den konkreten sozialen, politischen und ökonomischen *Kontextbedingungen* (Defiziten und Erfordernissen) *des betreffenden Landes* ausgegangen wird. Dabei müssen Strukturen und Rahmenbedingungen der öffentlichen Verwaltung wie politische und finanzielle Spielräume, Art und Stärke des Reformdrucks etc. berücksichtigt werden. Bei der Einschätzung von Verwaltungsreformen in Entwicklungsländern Afrikas südlich der Sahara ist im Unterschied zu Industrieländern zu berücksichtigen, daß

    - massive *Strukturdefizite* wie inadäquate Bezahlung, mangelnde Qualifikation, fehlende Rechtsstaatlichkeit und Ergebnisorientierung etc. eher die Regel als die Ausnahme sind und darüber hinaus und vor allem:

    - eine andere Logik, ein anderes *Selbstverständnis* vorherrscht: von den Kolonialverwaltungen wurde eine Ratio skrupelloser Machtsicherung und rechenschaftsloses Eintreibens von Abgaben übernommen, im Rahmen der Erfahrungen mit Entwicklungszusammenarbeit kam das Motiv der Sicherung von Renten und Privilegien (rent-seeking) hinzu. Servicefunktion der öffentlichen Verwaltungen und Dienstleistungsverständnis sind mehr noch als in Industrieländern Fremdworte.

    - die *Reformresistenz* und das Beharrungsvermögen von Verwaltungen in Entwicklungsländern Afrikas südlich der Sahara viel höher veranschlagt werden muß als in Industrieländern. Dies liegt vor allem daran, daß in Entwicklungsländern Afrikas südlich der Sahara politische Einfluß- und Einkommensmöglichkeiten, Zugang zu Privilegien wie Häusern, Autos, Krediten, Reisen usw. fast ausschließlich über die öffentliche Verwaltung zu erlangen sind und außerhalb dieser - in der privaten Wirtschaft und der Zivilgesellschaft - kaum Alternativen existieren.

- Reformvorhaben stehen und fallen mit den Interessen der beteiligten *Akteure*. Bei der Einschätzung und Planung von Reformvorhaben ist es daher unerläßlich, Akteure zu identifizieren und deren Interessen und Umfeld zu analysieren: Machtbasis und Legitimation der Regierung, Reforminteresse und Handlungsspielräume der zu refomierenden und dabei zu unterstützenden Verwaltungen sowie die Interessen möglicher anderer relevanter Gruppierungen. Notwendige Voraussetzungen für das Gelingen von Reformvorhaben sind.

- die tatsächliche *Reformorientierung* der Staatsklasse oder zumindest eines starken Reformbündnisses, die in
- *eigenen Reforminitiativen* zum Ausdruck kommt, deren Umsetzung immer wieder von
- ausreichend starken *gesellschaftlichen Reformkräften* eingefordert wird.

- *Ziele* von Reformvorhaben müssen realistischerweise erreichbar sein. Es kann und soll nicht angestrebt werden, den gesamten Staatsapparat zu revolutionieren. Vielmehr sollten praktische Beispiele für erfolgreiche Reformen im staatlichen oder auch parastaatlichen Bereich angestrebt werden, die auf alle anderen öffentlichen Verwaltungen ausstrahlen, indem sie die Machbarkeit von Reformen veranschaulichen, neue Maßstäbe setzen und so Reformdruck erzeugen. Eine Fokussierung der Reformvorhaben kann allerdings nur in institutioneller, nicht in konzeptioneller Hinsicht erfolgen, da die vier konstitutiven Elemente von lean administration einander bedingen.

- Grundlegende und umfassende Reformvorhaben lassen sich nicht von heute auf morgen umsetzen. Das heißt nicht, daß nicht auch kurzfristig einschneidende Maßnahmen durchgeführt werden müssen. Reformvorhaben dürfen aber nicht so terminiert sein, daß nicht ausreichend Zeit für notwendige Lern- und Veränderungsprozesse vorhanden ist oder sogar der durch sie ausgelöste Widerstand das gesamte Reformprojekt scheitern läßt. Ausreichend *Zeit* ist daher ein weiterer Erfolgsfaktor: Zeit für die Ausarbeitung von Reformprojekten unter Beteiligung aller Betroffenen (in und außerhalb der Verwaltung), Zeit für die Umsetzung der Vorhaben, Zeit zur Erfassung und Bewertung von erzielten Erfolgen, Problemen und Mißerfolgen einschließlich der u.U. notwendig werdenden Konzipierung, Vereinbarung und Durchführung von Kurskorrekturen.

4. Schlußfolgerungen für die Entwicklungszusammenarbeit

- Vorhaben zur Reform öffentlicher Verwaltungen sollten nur dann unterstützt werden, wenn ein deutliches *Reform-commitment* vorhanden ist. Andernfalls besteht nicht nur die Gefahr, daß Bemühungen erfolglos bleiben, sondern auch und vor allem, daß sich die Entwicklungszusammenarbeit erneut als Komplize reformfeindlicher Regime disqualifiziert.

- Ansatz- und Bezugspunkt von Maßnahmen zur Unterstützung von Verwaltungsreformen können nur *endogene Reforminitiativen* sein, nicht Vorstellungen der Geber von idealer Verwaltung. Entwicklungszusammenarbeit sollte insbesondere in diesem sensiblen Bereich nicht versuchen, Modelle zu transferieren, sondern begleitende Unterstützung für laufende Reformprozesse anbieten, die in Entwicklungsländern selber vorangetrieben werden. Von außen aufgenötigte Reformen laufen Gefahr, bestenfalls zu Scheinerfolgen zu führen, ohne die notwendigen Strukturveränderungen einzuleiten.

- Werden von einem Entwicklungsland sinnvolle Reformvorhaben ernsthaft vorangetrieben, sollte die Entwicklungszusammenarbeit *umfassende Unterstützung* gewähren. Dazu zählt die Bereitstellung ausreichender Finanzmittel, vor allem aber die Beteiligung an der Organisation und Moderation von Reformprozessen, Mithilfe bei der Ausarbeitung angepaßter Konzepte sowie das Einbringen von Erfahrungswissen und (wo nötig) des entsprechenden Sachverstandes. Erforderlich ist ferner die Bereitschaft zu neuen, z.T. unkonventionellen Formen der Zusammenarbeit (Finanzierung von Abfindungen, Übernahme von Lohnkosten etc.).

- Verwaltungsreformen brauchen Zeit, Verwaltungsförderung entsprechend *Geduld*. Sofern und solange die o.g. Erfolgsfaktoren gegeben sind, sollte die Unterstützung von Reformvorhaben im Bereich der öffentlichen Verwaltung nicht abgebrochen werden. Zu ehrgeizig und kurzfristig terminierte Reformen riskieren, ganze politische Systeme zu gefährden und zur Implosion von Staaten zu führen. Wenn sich zentralstaatliche Institutionen und Verfahren auflösen und Diktatur oder Bürgerkrieg herrschen, ist die Grundlage jeglicher Reform zerstört.

- Der nötige Außendruck kann nur erzeugt werden und Wirkung entfalten, wenn die Geber kohärent und konsequent agieren. Notwendig ist *Kohärenz* insbesondere zwischen Politikdialog, Struktur- und Sektoranpassungspolitik, sonstigen Projekten und Programmen der "normalen" Entwicklungszusammenarbeit sowie insbesondere den Maßnahmen der Verwaltungszusammenarbeit.

Manfred Röber

Inhaltliche Kernelemente des „New Public Management" für Führungskräfte der Verwaltung aus Entwicklungsländern
- Resümee einer Diskussion -

Die Arbeitsgruppe, die sich mit den Kernelementen des New Public Management beschäftigte, ist davon ausgegangen, daß dieser Terminus mit zum Teil ganz unterschiedlichen Assoziationen behaftet ist. Hierzu gehört z.B. die vor allem im Rahmen des Thatcherismus und der Reagonomics betriebene Privatisierungsstrategie; hierzu gehört z.B. aber auch die auf die Modernisierung des öffentlichen Sektors gerichtete Reformstrategie, mit der der Staat insgesamt leistungsfähiger gemacht werden soll. Wegen der Unbestimmtheit des Terminus „New Public Management" herrschte Einigkeit darüber, daß von diesem Begriff für die Weiterentwicklung der deutschen Konzepte zur Verwaltungskooperation keine neuen erkenntnisleitenden Impulse zu erwarten sind.

Angesichts der Tatsache, daß andere Staaten im Vergleich mit der Bundesrepublik Deutschland über wesentlich mehr Erfahrungen mit New Public Management verfügen, wäre es auch wenig überzeugend, wenn in der deutschen Verwaltungskooperation der Schwerpunkt auf diesen Ansatz gelegt werden würde. Hier haben andere Länder originäre Konzepte und mittlerweile auch umfangreiche Erfahrungen mit der Umsetzung dieser Konzepte zu bieten. Da es sich bei den meisten deutschen Modernisierungsprojekten weitgehend um Konzepte handelt, deren erfolgreiche Implementation noch aussteht, könnte die Zentralstelle für öffentliche Verwaltung (ZÖV) der Deutschen Stiftung für internationale Entwicklung für den Fall, daß sie Verwaltungsmodernisierung zum Schwerpunkt ihrer Programme machte, weitgehend nur Prototypen anbieten, während andere Länder mit ihren Modellen schon eine gewisse Serienreife erlangt zu haben scheinen. Der Vorteil der Bundesrepublik Deutschland könnte allerdings darin liegen, bei den eigenen Modernisierungsanstrengungen aus den Erfahrungen anderer Länder zu lernen und die Ergebnisse dieser Lernprozesse in der deutschen Konzeption der Verwaltungskooperation zu berücksichtigen.

In dem Maße, in dem die öffentliche Verwaltung Deutschlands über mehr Erfahrungen mit betriebswirtschaftlich orientierten Ansätzen der Verwaltungsreform gesammelt haben wird, werden jene Reformteile, die erfolgreich in die deutsche Verwaltung eingeführt worden sind bzw. eingeführt werden sollen, auch zum Themenkatalog der deutschen Verwaltungskooperation gehören müssen. Hierbei könnte es sich nach Auffassung der Arbeitsgruppe im wesentlichen um folgende Themen handeln:

- Autonomie von Organisationseinheiten (dezentrale Strukturen)
- Transparenz und Reduzierung der Kosten (Produkte, Kosten-Leistungs-Rechnung, Budgetierung)
- Orientierung an Kundenbedürfnissen (Total Quality Management)
- Einführung von Wettbewerb oder Wettbewerbssurrogaten (Contracting Out, interkommunale Leistungsvergleiche).

Es bestand Einigkeit darin, daß der deutsche Akzent bei den Modernisierungsbemühungen bislang auf Konzepten der binnenorientierten Strukturverbesserungen liegt. Hierzu gehören auch neue Ansätze im

- Finanzmanagement mit der Einführung von Kosten- und Leistungsrechnung und der Entwicklung von Budgetierungskonzepten und
- Personalmanagement mit der Verankerung von Leistungsanreizen und neuen Führungsformen.

Im Vergleich zu anderen Ländern verfügt die Bundesrepublik Deutschland bislang über wenig Erfahrungen mit output-orientierten Reformmodellen, in denen einzelne Behörden unter Wettbewerbsbedingungen arbeiten müssen und in denen eine systematische Ausrichtung aller Verwaltungsaktivitäten an den „Kunden"bedürfnissen und an Indikatoren der Leistungsqualität erfolgt.

Bei aller Euphorie, die zur Zeit im Zusammenhang mit der Verwaltungsmodernisierung zu beobachten ist, sollten die konzeptionell zum Teil noch ungeklärten Fragen (wie z.B. das zukünftige Verhältnis von Politik und Verwaltung) und die möglicherweise problematischen Konsequenzen einer rigiden Einführung eines New Public Managment für Demokratie und Rechtsstaatlichkeit allerdings nicht aus dem Auge verloren werden. Diesen Fragen wird inzwischen in der verwaltungspolitischen Diskussion in der Bundesrepublik Deutschland (aber auch in anderen entwickelten Industriestaaten wie Großbritannien) größere Aufmerksamkeit gewidmet.

Wenn die Implikationen einer ökonomisch orientierten Modernisierung der Verwaltung und des von einigen Beobachtern prognostizierten oder gar schon konstatierten Paradigmenwechsel für die Berechenbarkeit und Zuverlässigkeit des Verwaltungshandelns selbst in den entwickelten Industriegesellschaften zum Teil noch unklar sind, dann ist die Frage nach den Konsequenzen einer am New Public Management orientierten Verwaltungsmodernisierung für die meisten Entwicklungsländer (und für die Länder Mittel- und Osteuropas) sicherlich noch schwieriger zu beantworten, weil es in diesen Ländern häufig allein schon an einer nach den Regeln des Weberschen Idealtypus der Bürokratie funktionierenden öffentlichen Verwaltung fehlt. Aus dem Grunde ist zu fragen, ob es zunächst nicht eher darum gehen muß, die Verwaltungen der Partnerländer so zu transformieren, daß sie in der Lage sind, sich den von der „klassisch-europäischen Verwaltung" (Klaus König) erreichten Standards der Rationalität zu nähern, bevor umfangreiche und weitreichende Modernisierungskonzepte entwickelt werden können.

Die Frage, welche Komponenten der Modernisierungsdiskussion schließlich in die konzeptionelle Weiterentwicklung der deutschen Verwaltungskooperation aufzunehmen sind, sollte sich an den Stärken und Schwächen des deutschen Reformweges orientieren. Vor dem Hintergrund der bisherigen überwiegend auf der kommunalen Ebene angesiedelten Reformprojekte mit stärker binnenorientierten Modernisierungen ist von einer radikalen Umsteuerung in der deutschen Verwaltungszusammenarbeit in der Weise, daß New Public Management zum neuen Leitbild der deutschen Verwaltungskooperation erklärt wird, abzuraten. Statt dessen ist eine behutsame Erneuerung anzuraten, die z.B. die neuen Überlegungen zum Finanz- und Personalmanagement sowie zur größeren Verselbständigung von Verwaltungseinheiten in die bisherigen Konzepte der Verwaltungskooperation integriert.

Angesichts der Tatsache, daß die deutschen Modernisierungsprojekte überwiegend als Reorganisationsprojekte mit offenem Ausgang angelegt sind, verbietet sich eine Konzeption, die auf einem Angebot von fertigen Ergebnissen basiert, von selbst. Überdies wäre es auch angesichts der Vielfalt der in der deutschen Diskusssion zu beobachtenden Modellvarianten völlig verfehlt, eine Weiterentwicklung der Konzeption der Verwaltungszusammenarbeit mit der Zielrichtung anzustreben, daß „das" deutsche Modell der Verwaltungsmodernisierung in Zukunft als Vorbild angeboten wird.

Die Träger der deutschen Verwaltungskooperation werden allerdings auch in Zukunft vor der Aufgabe stehen, das Interesse an und den Informationsbedarf über die deutsche Verwaltung zu befriedigen. Wenn es der deutschen Verwaltung gelingen sollte, ihre anerkannt hohe Qualität in bezug auf Rechtsstaatlichkeit und Berechenbarkeit zu halten und zugleich ihre Strukturen und Entscheidungsprozesse betriebswirtschaftlich zu modernisieren, dann dürfte der gute Ruf der deutschen Verwaltung in der Welt weiter gefestigt werden, und dann dürfte auch das Interesse, das deutsche Verwaltungssystem näher kennenzulernen, noch weiter zunehmen. Hierauf wird man konzeptionell reagieren müssen - wobei der Schwerpunkt aber nicht allein auf der Präsentation fertiger Ergebnisse, sondern mehr und mehr auf der Sichtbarmachung des prozessualen Charakters von Verwaltungsreform gelegt werden sollte. Ein solches Verständnis von Verwaltungsreform würde völlig neue - und bessere - Voraussetzungen schaffen, das Thema der Verwaltungsmodernisierung in das Konzept der deutschen Verwaltungskooperation zu integrieren.

Die Abkehr von der Präsentation fertiger Modelle bietet überdies die Chance, die immer wieder beschworene, aber häufig nur schwer zu realisierende Orientierung am Bedarf der Partnerländer zu verstärken. Mit der von der ZÖV angestrebten Regionalisierung und Verstetigung ihrer Aktivitäten in ausgewählten Regionen bestehen zudem bessere Möglichkeiten, ein stärker am Modell der Organisationsentwicklung ausgerichtetes Konzept der Verwaltungskooperation in die Praxis umzusetzen.

Joachim Müller

Grundzüge eines Schulungskonzeptes „New Public Management" für Führungskräfte der Verwaltung aus Entwicklungsländern
- Resümee einer Diskussion -

1. New Public Management im Kontext von Verwaltungsreform

New Public Management (NPM) ist in. Verpackt in eine Vielzahl neuer Begriffe wie Budgetierung und Output-Orientierung, Controlling und Total-Quality-Management versuchen die Promotoren dieser Bewegung der offensichtlich nicht nur in Deutschland unter finanziellen Engpässen und bürokratischen Problemen leidenden öffentlichen Verwaltung eine Radikalkur zu verpassen. Ziel- und produktorientiertes Verwaltungshandeln heißt das Erfolgsrezept.

Gleichwohl stellen die verschiedenen NPM-Ansätze in ihrer Gesamtheit ein mehr als diffuses Gebilde (König) dar, deren generelle Tragfähigkeit und empirische Validität (Reichard) als keineswegs gesichert gelten kann.

Zweifel sind auch erlaubt, ob gesellschaftlich bedingte Problemlagen wie Armut, Hunger, Arbeitslosigkeit, Umweltzerstörung, Slumbildung, Gewalt und kriegerische Auseinandersetzungen in vielen Entwicklungsländern durch einen NPM-Ansatz der Verwaltung „gelöst" werden können. Die im Ergebnis angestrebte Ökonomisierung der Verwaltung setzt eine Reihe von Rahmenbedingungen voraus, auf die in vielen Entwicklungsländern gerade nicht aufgebaut werden kann, wie beispielsweise

- entwickelte und funktionale Verwaltungsstrukturen;
- Kompatibilität mit politischer Rationalität und politischem Gestaltungswillen;

- qualifiziertes, an ökonomischer Rationalität geschultes Verwaltungspersonal;
- hinreichende Rechtsstaatlichkeit und Rechtssicherheit;
- solides und tragfähiges Haushalts- und Finanzwesen des Staates;
- Kompatibilität mit kulturellen Wertvorstellungen und Verhaltensmustern.

Verwaltungszusammenarbeit mit Entwicklungsländern zielt in ihrem Kern auf eine Verbesserung staatlicher Rahmenbedingungen. Im einzelnen ist die Stärkung des ersten Ansprechpartners in der Entwicklungszusammenarbeit, nämlich der öffentlichen Verwaltung, genaugenommen von Politik und Verwaltung, unabdingbar, um

- den Aufbau demokratisch-rechtsstaatlicher und marktwirtschaftlicher Strukturen zu fördern, und damit Veränderungen von armutsverursachenden gesellschaftlichen Strukturen und Verteilungsgerechtigkeit anzustreben;
- die wirtschaftliche Souveränität über nationale Ressourcen und die Teilnahme an der internationalen Zusammenarbeit zu stärken;
- eine größere Effizienz, Effektivität und Produktivität in der Durchführung nationaler Entwicklungspläne und -programme zu erreichen;
- eine bessere Mobilisierung und Nutzung aller personellen, finanziellen, technologischen und natürlichen Ressourcen zu gewährleisten;
- die Qualität von reformorientierten, strukturellen und operativen Maßnahmen des Staates zu verbessern.

Die New-Public-Management-Ansätze verengen diese umfassende Zielsetzung auf Fragen der Verbesserung der Verwaltungseffizienz unter ökonomischen Rationalitätskriterien. Die Zielsetzung der Verwaltungszusammenarbeit mit Entwicklungsländern dagegen ist prinzipiell in einen umfassenderen Rahmen gestellt und kann treffender mit dem zwar weniger modischen, dafür jedoch zeitloseren Begriff der „Verwaltungsreform" beschrieben werden.

Es geht deshalb auch weniger um die Frage, wie ein neues Schulungskonzept „New Public Management" für Führungskräfte der Verwaltung aus Entwicklungsländern gestaltet sein könnte; viel mehr geht es darum, ob einzelne Bausteine und Handlungsmuster des New-Public-Management bzw. einer Ökonomisierung des öffentlichen Sektors (König) in bisherige Ansätze der Verwaltungsreform in Entwicklungsländern nutzbringend integriert werden können.

Zur Beantwortung dieser Frage sind nochmals in aller Kürze die wichtigsten Lernziele und Lerninhalte für Führungskräfte der Verwaltung zu skizzieren, wie sie im Zusammenhang mit einer Ökonomisierung der Verwaltung diskutiert werden.

2. Lernziele für Führungskräfte der Verwaltung

Die Lernziele im Rahmen von Strategien der Ökonomisierung des öffentlichen Sektors für Führungskräfte der Verwaltung aus Entwicklungsländern erstrecken sich einerseits auf die Vermittlung fachlicher und methodischer Managementkompetenzen der Entscheidungsfindung sowie andererseits auf die Vermittlung konzeptioneller und strategischer Managementkompetenzen der Entscheidungsumsetzung.

Eine Konkretisierung und Operationalisierung dieser allgemeinen Zielsetzung im Rahmen eines konkreten Projektkonzepts der Verwaltungsreform setzt voraus, daß zunächst mit dem betreffenden Partner eines Entwicklungslandes (z.B. einer Staatskanzlei, einem Ministerium, einer Stadtverwaltung) in einem problem- und handlungsbezogenen Dialogprozeß eine interkulturelle Verständigung über maßgebliche konzeptionelle Vorgaben erzielt wird. Diese Vorgaben können z.B. kulturell geprägte Führungsleitsätze und Führungsmodelle sein, aus denen sich die betreffenden Rollenbilder und Anforderungen an die Führungskräfte ableiten.

Um zur Qualifizierung am Arbeitsplatz beizutragen, müssen auch die Anforderungskriterien definiert werden, die die Führungskraft an ihrem spezifischen Arbeitsplatz zu erfüllen hat. Erst auf diesem Weg können dann diejenigen Qualifizierungen bestimmt werden, über die beispielsweise ein Behördenleiter oder ein Bürgermeister in dem betreffenden Entwicklungsland verfügen muß.

3. Lerninhalte für Führungskräfte der Verwaltung

Die Lerninhalte konzentrieren sich in Form von Lernmodulen auf diejenigen Managementkompetenzen, die Führungskräften der Verwaltung in bezug auf Wissen, Können und Erfahrung abverlangt werden. Hierzu zählen zunächst fachliche und methodische Grundkompetenzen der Entscheidungsfindung, wie etwa

- gute Kenntnisse des politischen Systems und der Verwaltung ihres Landes;
- Beherrschung moderner Planungsmethoden und Entscheidungstechniken in komplexen Problemsituationen;
- aufgabenbezogene Beherrschung moderner Informations- und Kommunikationstechnologie;
- betriebswirtschaftliche Kenntnisse, insbesondere der Kostenrechnung;
- Kenntnisse volkswirtschaftlicher Strukturen, Abläufe und Mechanismen in lokalen, nationalen und internationalen Bezügen;
- Kenntnisse von Techniken der Mitarbeiterbeurteilung;
- Fähigkeit zu kooperativer Führung und Mitarbeit;

u.a.m.

Gleichermaßen bedeutsam sind im Rahmen von NPM-Ansätzen zu erlernende konzeptionelle und strategische Managementkompetenzen der Entscheidungsumsetzung, einschließlich personalpolitischer Führungsqualitäten, die naturgemäß in unterschiedlichen Kulturräumen einem Bedeutungswandel unterworfen sind. Hierzu zählen zum Beispiel:

- Fähigkeit zu ziel- und ergebnisorientierter Verwaltungsführung;
- Aufbau und Entwicklung einer dezentralen Organisations- und Führungsstruktur;

  Verlagerung von Zuständigkeiten in bezug auf Finanzen, Sachmittel und Personal auf einzelne Fachbehörden (dezentrale Ressourcenverantwortung);

- Abstimmung mit Fachbehörden über outputorientierte Leistungsziele und der zur Erbringung dieser Leistungen erforderlichen Ressourcen (Kontraktmanagement);
- Stärkung der Eigenverantwortlichkeit und Kompetenzen der Fachbehörden bei der Verwendung der Ressourcen (Budgetierung);
- Aufbau eines operativen und strategischen Controlling-Systems;
- Aufbau und Entwicklung organisationspolitischer Leitbilder und Prinzipien;
- Aufbau und Entwicklung personalpolitischer Leitbilder und Prinzipien;
- Motivierung der Mitarbeiter und Schaffung von Anreizsystemen;
- kontinuierliche Qualitätsverbesserung der zu erbringenden Verwaltungsleistungen bei einer gleichzeitigen Kostenreduzierung (Total Quality Management);
- Impulsgebung und Organisation von Lernprozessen für alle Verwaltungsmitarbeiter;

u.a.m.

Zur Qualifizierung am Arbeitsplatz, z.B. dem eines Amtsleiters, müssen Führungskräfte spezifische Querschnittsqualifikationen erwerben und Erfahrungen sammeln, die in der Regel nur die Praxis vermitteln kann (Training-on-the-job). Hierzu gehören beispielsweise

- politische Sensibilität im Schnittbereich zwischen Politik und Verwaltung;
- strategisches Denken gegenüber operativen Zwängen im Kontakt mit der Verwaltungsführung;
- Konsensfähigkeit und ein Denken in Systemverflechtungen in Zusammenarbeit mit anderen Behörden;
- bürgernahes Handeln in Aufgabenbereichen mit starken Außenkontakten;

- Berücksichtigung der Gesamtzielsetzung der Verwaltung in Aufgabenbereichen mit überwiegendem Außenbezug.[1]

4. Programmatische Ansätze eines Schulungskonzeptes für Führungskräfte der Verwaltung

Bisherige Erfahrungen zeigen, daß im Zuge einer gegenwärtig verstärkten Diskussion der Verwaltungsreform auch in Deutschland keine etablierten und allgemein akzeptierten Konzepte oder Modelle existieren. Die Diskussion über NPM-Ansätze und eine stärkere Ökonomisierung des öffentlichen Sektors ändert nichts daran. Gleichwohl vermittelt sie den Bemühungen um eine nachhaltige Leistungssteigerung des öffentlichen Sektors neue Ansätze und Perspektiven, die vor allem im kommunalen Bereich als sogenannte neue Steuerungsmodelle zunehmend aufgegriffen und erprobt werden. Auf Landes- und Bundesebene dagegen ist eine deutliche Zurückhaltung gegenüber NPM-Ansätzen zu konstatieren; Ökonomisierungsstrategien reduzieren sich eher auf Maßnahmen des Personalabbaus oder der Privatisierung.

Aufgabe der DSE kann es nicht sein, neue Steuerungsmodelle gleich welcher Art in Entwicklungsländern vermarkten zu wollen. Dies können andere besser (König). Im übrigen bilden die unter Punkt 2 und 3 ohne Anspruch auf Vollständigkeit angeordneten Elemente der NPM-Ansätze in ihrer Gesamtheit und ökonomisch verengten Zielsetzung noch kein tragfähiges Konzept.

Ein programmatischer Ansatz eines Schulungskonzeptes für Führungskräfte der Verwaltung kann aus der Sicht der DSE deshalb nur darin liegen, verschiedene in der Diskussion stehende Führungskonzeptionen und Organisationsansätze im Bereich der öffentlichen Verwaltung auf der Grundlage kritischer Reflexion und unter Berücksichtigung interkultureller Maßstäbe im Dialog als Orientierungshilfe zur Diskussion zu stellen. Erst diese Diskussion kann aufzeigen, inwieweit einzelne Konzepte oder

---

[1] Vgl. *H.E. Meixner*: Bausteine neuer Steuerungsmodelle. Rostock / Bornheim-Roisdorf 1994, S. 82.

Elemente einer Ökonomisierung der Verwaltung vor Ort applikabel sind. Entscheidend dabei ist aber, daß sie von den Verwaltungsführungskräften der betreffenden Länder selbst geführt wird.

Da die Organisationsziele und -aufgaben vieler Verwaltungen immer komplexer werden, sind gerade in Entwicklungsländern im Spannungsfeld gegenläufiger Veränderungsrationalitäten (Wertewandel) innovative Organisations- und Verhaltensformen im Umgang mit den knappen Ressourcen von entwicklungspolitischer Bedeutung. Hierzu zählt auch die Eindämmung einer oft imposanten Verschwendung und Versickerung öffentlicher Gelder aufgrund mangelhafter demokratischer Kontrolle und unsolider Haushaltsführung des Staates.

Die wesentlichen Aspekte eines Schulungskonzeptes für Führungskräfte der Verwaltung liegen deshalb nicht nur in einer verbesserten fachlichen Qualifizierung für ihren Arbeitsplatz, sondern ebenso in der Verwirklichung entwicklungspolitischer und wertbestimmter Förderungsziele. Auf diese bezogen soll eine verbesserte Zielsteuerung von konkreten Leitungsprozessen der Verwaltung erreicht werden. Deshalb muß ein Schulungsansatz den Führungskräften ebenso wie ihren Mitarbeitern hinreichend Gelegenheit zur Identifikation mit ihren Arbeits- und Aufgabenbereichen, zur Entwicklung von Eigenständigkeit und Integrationskraft sowie zur Übernahme von Verantwortung geben.

Ökonomisierungsansätze erfordern eine Einbindung in ein Gesamtkonzept der Verwaltungsreform. Ein generelles und allgemeingültiges Schulungskonzept für Führungskräfte der Verwaltung entwickeln zu wollen, kann deshalb für Entwicklungsländer nicht in Betracht kommen. Verwaltungsreformen erfordern vielmehr eine langfristige Perspektive und ein prozessuales Verständnis von Entwicklung und sozialem Wandel. Ihren Ausdruck finden Verwaltungsreformen in einem ständigen Lernprozeß der betroffenen Einzelpersonen. Werthaltungen, Denkmuster, Verhaltensweisen und Organisationsformen können sich nur langsam verändern und sind zudem maßgeblich geprägt von den gesellschaftlichen Herausforderungen und kulturellen Einflüssen, denen sich das Verwaltungssystem und seine in ihm agierenden Mitarbeiter ausgesetzt sehen.

NPM-Ansätze bedingen eine Reihe von Voraussetzungen, die in vielen Entwicklungsländern keinesfalls als gegeben angenommen werden können, wie beispielsweise die Akzeptanz ökonomischer Rationalität auch von Seiten der politischen Führung, den Konsens aller Beteiligten über eine Anpassung und Weiterentwicklung der Verwaltungs- und Organisationskultur, relativ entwickelte und stabile staatliche Strukturen sowie eine mit ökonomischer Rationalität kompatible Ethik im öffentlichen Dienst (Reichard).

Bei der Konzipierung eines entsprechenden Schulungskonzeptes kann es deshalb nur darum gehen, mit Bedacht und ohne missionarischen Eifer, im Einzelfall einzelne Elemente und Bausteine des NPM in der Verwaltungszusammenarbeit mit Entwicklungsländern zu erproben. Dabei bietet sich an, problembezogene Lernangebote nach dem Baukastenprinzip in modularer Form zu unterbreiten. Und es ist gerade in diesem Bereich angezeigt, das kurzfristige Dialog- und Trainingsinstrumentarium der DSE in sequentieller Form mit langfristig angelegten Projekten der Organisationsberatung und des Trainings on-the-job, wie sie z.B. die GTZ durchführt, zu kombinieren.

NPM bedeutet für die DSE nicht, ihre bisherigen programmatischen und didaktischen Grundkonzepte über Bord zu werfen. Hierarchisch strukturierte Fortbildungsveranstaltungen, die von einem Bild einseitigen Managementtransfers und klassischer Rollenaufteilung zwischen Lehrkraft als NPM-Wissendem und Teilnehmern als nachholend Lernenden ausgehen, waren und sind für die Entwicklungszusammenarbeit nicht angemessen.

Für die DSE steht im Mittelpunkt das Paradigma der Teilnehmerorientierung. Dialog- und Trainingsmaßnahmen der DSE im Bereich der Verwaltungszusamennarbeit sind partizipativ in der Weise ausgerichtet, daß Interaktion, Kommunikation, aktuelles und zukünftiges Verwaltungshandeln sowie kritische Reflexion im Mittelpunkt jeder didaktischen Planung, Gestaltung und Durchführung stehen.

Wenn von Partnerorganisationen der DSE eine verstärkte Einbeziehung von NPM-Bausteinen bei der inhaltlichen Rahmensetzung von Veranstaltungen gewünscht wird, dürfen Aspekte der Nachhaltigkeit und Signifikanz nicht außer Acht gelassen werden. Es geht schlicht um die Frage, ob sich durch NPM-Ansätze unter Berücksichtigung der spezifischen Rahmenbedingungen in Entwicklungsländern fühlbare Entwicklungsimpulse und -erfolge erzielen lassen.

Hier wird man eher zu einer optimistischen Einschätzung gelangen, wenn entsprechende Maßnahmen der DSE längerfristig in Ansätze der Organisationsentwicklung und des sozialen Wandels eingebettet sind sowie verstärkt und verantwortlich Partnerstrukturen vor Ort einbezieht.

- Dialog- und Trainingsmaßnahmen über NPM-Themen reduzieren sich dann nicht auf punktuelle Ereignisse ohne nachhaltige Entwicklungswirkung, sondern entfalten sich in einem Fortbildungs- und Lernkontinuum zu komplementären Beiträgen der Organisationsentwicklung und der Leistungsverbesserung des Verwaltungsmanagements.

Christoph Reichard

Verwaltungszusammenarbeit im Kontext internationaler Ansätze des „New Public Management"

1. Welche Rolle könnte „NPM" in Entwicklungsländern spielen?

Ich denke, die augenblickliche NPM-Bewegung ist ein weltweiter Trend. Eine ganze Reihe von Staaten - zumindest der Industrieländer - wurden in den letzten 10-15 Jahren von dieser Bewegung ergriffen. Die Bundesrepublik ist hier allerdings das Schlußlicht, sie „hinkt" etwa 10 Jahre hinterher.

Die Diskussion über die Tragfähigkeit dieses Konzeptes zur Verwaltungsmodernisierung hat allerdings noch nicht einmal richtig begonnen, geschweige denn bereits zu aussagefähigen Zwischenergebnissen geführt.

Meine These lautet, daß die generelle Tragfähigkeit von NPM-Ansätzen keineswegs erwiesen ist. NPM-Ansätze passen allerdings möglicherweise relativ gut in die gegenwärtige Situation einiger Staaten der 90er Jahre und ihrer Verwaltungen hinein. Sie eignen sich für Cut-back-Situationen und passen zu gewissen Marktüberlegenheitsstimmungen, die gegenwärtig vom neo-konservativen Lager betont werden.

Einige NPM-Elemente - auch einige von denjenigen, die in der Arbeitsgruppe definiert worden sind - sind durchaus passend für den öffentlichen Sektor und hinreichend robust, so daß sie auch längerfristig für ein Verwaltungsmanagementkonzept tragfähig sein könnten.

Andere Elemente, auf die ich jetzt nicht im einzelnen eingehen kann, sind wohl eher Fremdkörper im politisch administrativen System. Ich denke, wenn die „Modewelle" erst abgeebbt ist, dann werden diese Elemente auch wieder abgestoßen werden.

Insgesamt ist NPM wohl eine relativ geschickte Integration bzw. Kombination verschiedener - zum Teil hinreichend bekannter, zum Teil bewährter, zum Teil auch schon öfter gescheiterter - Managementelemente. Beispielsweise ist auf die etwas fragwürdige Konjunktur von MbO (management by objectives) während der 60er - 70er Jahre zu verweisen. Auch die Bundesakademie für öffentliche Verwaltung hat in diesem Bereich ihre leidvollen Erfahrungen im Zusammenhang mit dem Ansatz der „Ziel- und Ergebnisorientierten Verwaltungsführung" machen müssen, den sie damals mit sehr viel Energie propagiert hat, den sie auch in die Bundesministerien hineinzubringen versuchte, der aber nicht gegriffen hat.

Ich halte zwei Aspekte, die auch in den Arbeitsgruppen angesprochen wurden, für die größten ungelösten Probleme:

- Kompatibilität mit politischer Rationalität
- Anpassung der Verwaltungs- oder Organisationskultur

Daß die notwendige Anpassung im Hinblick auf die zwei genannten Aspekte gelingen kann, halte ich für problematisch und für bisher auch nicht gesichert.

Zum Transfer von „NPM" in Entwicklungsverwaltungen:

Eine wichtige und unverzichtbare Voraussetzung, wenn man mit solchen Konzepten in Entwicklungsländern Erfolg haben will, ist, daß Verwaltungsführung und Politik die stärkere ökonomische Rationalität von „NPM" akzeptieren. Verwaltung und Politik sollen sich - so lautet die neue Botschaft - „marktmäßig" verhalten und marktbezogene Anreize und Mechanismen einsetzen. Das ist, wie gesagt, ja schon bei uns ein zentraler Punkt, hinter den ein großes Fragezeichen zu setzen ist, und er ist im Süden noch viel stärker als Problem zu akzentuieren.

Wenn man „NPM" in Entwicklungsländern fördern möchte, und damit die Beziehungen zwischen Verwaltung und Abnehmern / Bürgern / Kunden stärken will, dann setzt das auch einen funktionierenden „starken Staat" voraus. Wenn man Ansätze wie „Contracting Out", „Competitive Tendering" usw. praktizieren will, dann setzt das effektive Regulierungsmechanismen, Kartell-Überwachungsansätze und ähnliches mehr voraus. Ferner ist zweifellos auch eine angemessene Ethik im Öffentlichen Dienst als unverzichtbare Voraussetzung zu sehen.

Möglicherweise ist hier eine deutliche Gefährdungslage gegeben: NPM-Ansätze könnten zu einer noch stärkeren „Kleptokratisierung" führen - weil die Selbstbedienungsmechanismen und auch die Fragmentierungstendenzen noch hemmungsloser werden. Und schließlich ist eine Voraussetzung zu erwähnen:

Ein NPM-Konzept wird in Entwicklungsländern, genauso wie in Deutschland, nur funktionieren können, wenn man qualifiziertes und entsprechend motiviertes Personal hat. Und da besteht sicherlich einer der Hauptengpässe.

2. Konsequenzen für die Verwaltungsaus- und Fortbildung

Die Inhalte / Funktionen der Verwaltungsausbildung sind abhängig von den jeweiligen Tätigkeitsanforderungen. Wenn man also ein stärker management-orientiertes Verwaltungshandeln in Staaten oder Verwaltungen des Südens für wünschenswert hält, dann wird man sicherlich auch in diesen Staaten entsprechende Qualifizierungskonzepte bereithalten müssen. Dann wird man dafür sorgen müssen, daß die Mitarbeiter mit den notwendigen Konzepten, Verhaltensweisen und Techniken vertraut gemacht werden. Man müßte sich je nach Situation des Staates fragen, welche Module oder Elemente von NPM für solch einen Ausbildungsansatz besonders vordringlich wären.

Will man also in der Ausbildung stärker diejenigen Elemente fördern, die auf Binnensteuerung abstellen - also Zielbildung, Controlling, Budgetierung, Berichtswesen - oder möchte man die Elemente betonen, die die Außenbeziehungen (Markettesting, Vertragsmanagement, Wettbewerbsöffnung, interkommunaler Wettbewerb usw.) betreffen, oder möchte man vielleicht noch einen dritten Aspekt, also das „Personalmanagement" betonen (mit Anreizsystemen usw.)?

Am Rande erwähnt: Der deutsche Weg mit NPM ist ein deutlich anderer als der, den man in Skandinavien oder beispielsweise in den USA geht. Wir konzentrieren uns sehr stark auf die Binnensteuerung und kümmern uns bisher eigentlich relativ wenig um die Marktorientierung bzw. die

Außenkontakte in Richtung Abnehmersystem. Diese Akzentsetzungen werden auch in den Staaten des Südens jeweils unterschiedlich ausfallen.

Die letzte Frage, die sich stellt, lautet: Welchen Beitrag könnte eine Einrichtung wie die DSE / ZÖV leisten?

Aus meiner Sicht wäre zunächst einmal die generelle Frage zu klären, inwieweit eine Unterstützung „ausgerechnet" von der deutschen Seite besonders sinnvoll und empfehlenswert ist. Man könnte hier gewisse Zweifel anmelden, ob die Bundesrepublik, die sich selber in dieser Debatte eher als Schlußlicht sehen muß und die etliche Jahre dem NPM-Mainstream hinterherhinkt, nun NPM-Impulse in die Dritte Welt senden sollte. Unschädlich und wohl auch wünschenswert wäre zweifellos, das „NPM-Denken" zukünftig „quer" durch alle ZÖV-Programme wie eine „Folie" zu plazieren und in allen Programmen darauf zu achten, daß Maßnahmen und Ansätze kompatibel mit der NPM-Philosophie sind.

Ferner wäre klärungsbedürftig, wie überhaupt „Verwaltungsmodernisierung" erlernt werden kann. Hierzu wäre es einmal interessant, nachzuvollziehen, wie die deutschen Kommunen während der letzten 5-6 Jahre „Verwaltungsmodernisierung" gelernt haben. Dabei würde auffallen, daß vor allem drei Punkte eine Rolle gespielt haben:

- Es gab einen „missionarischen Vordenker", die Kommunale Gemeinschaftsstelle in Köln (KGSt), die das neue Steuerungsmodell mit großem Eifer in die Kommunen getragen hat.

- Es gab großen Mut zur Erprobung neuer Konzepte, die z.T. zu Selbstversuchen am „lebenden Verwaltungskörper" führten.

- Es gab einen deutlichen Trend zur Förderung des praxisorientierten Erfahrungsaustausches unter den Kommunen.

Hier ist beispielsweise auf die „Innovationszirkel" in verschiedenen Bereichen (z.B. auf Kreisebene) zu verweisen, die die Hochschule Speyer ins Leben gerufen hat.

Nach meinem Eindruck ist es für ein Programmpaket „NPM" der ZÖV bzw. für konkrete Maßnahmen oder Programmelemente noch viel zu früh. Es müßte erst einmal grundlegender über das Gesamtkonzept reflektiert werden, und darüber, worin der deutsche Beitrag bestehen kann.

Abschließend sei als Beispiel zur Ausbildung darauf hingewiesen, daß die Fachhochschule für Technik und Wirtschaft Berlin zusammen mit der

Fachhochschule für Verwaltung und Rechtspflege Berlin erstmals für Deutschland in diesem Jahr einen Studiengang „Öffentliches Dienstleistungsmanagement / Public Management" ins Leben gerufen hat. In Deutschland wird, wie das Beispiel zeigt, versucht, auch auf der Ausbildungsebene einen Beitrag dazu zu leisten, daß Nachwuchskräfte für NPM-Konzepte in absehbarer Zeit zur Verfügung stehen.

Klaus König

Verwaltungszusammenarbeit und „New Public Management" - Kritische Anmerkungen aus verwaltungswissenschaftlicher Sicht

Mir ist das Thema New Public Management und Verwaltungszusammenarbeit in kritischer Sicht gestellt. In diesem Zusammenhang erscheint es sinnvoll, noch einmal zurückzuschauen und sich unter dem Vorzeichen des New Public Managements der Wurzeln dieses etwas diffusen Gebildes zu vergewissern. Die Anfänge dessen, was sich später unter dem "Label" des "New Public Management" international durchgesetzt hat, liegen in Reformen, die in Großbritannien, Australien und Neuseeland seit Anfang der achtziger Jahre durchgeführt wurden. Vergegenwärtigt man sich, daß diese Reformmaßnahmen in Großbritannien unter Frau Thatcher, in Neuseeland hingegen durch eine Labour-Regierung initiiert wurden, so wird deutlich, daß sich hinter diesem Konzept durchaus unterschiedliche Motive verbergen. Indessen gibt es ein gemeinsames Etikett, das zur Begriffsbildung des New Public Management geführt hat, und zwar dasjenige der Ökonomisierung des öffentlichen Sektors. Gemeinsamer Nenner der Reformmaßnahmen in den drei genannten Staaten war eine Ökonomisierungsstrategie. Hierbei dominierte mit Maßnahmen der Privatisierung und Deregulierung in Großbritannien die Ökonomisierungsstrategie nach außen, während in Neuseeland und Australien der Schwerpunkt auf Management im engeren Sinne lag, also eine Ökonomisierungsstrategie nach innen praktiziert wurde. Hierbei wurden in allen drei Staaten neuere Entwicklungen des Privatsektors aufgegriffen wie etwa Lean Management, Total Quality Management usw.

Auf der Basis solcher insbesondere populärer Business Motivation Literatur sowie einschlägiger Einsichten der liberalen Ökonomie kam es dann auch zu literarischen Verarbeitungen in den Vereinigten Staaten von Amerika, wobei in diesem Zusammenhang das Buch von Osborne und Gaebler "Reinventing Government" besonders bekannt geworden ist. Man muß es kennen, wenn man über unser Thema spricht. Diese von privatwirtschaftlichen Managementmodellen inspirierten Ansätze einer internen Ökonomisierung des öffentlichen Sektors wurden dann in jüngerer Zeit von der amerikanischen Praxis aufgegriffen. Vorläufer waren hier die Arbeiten der "Winter Commission" und dann insbesondere Ansätze auf der lokalen Ebene. Diese elaborierte Mischung von neoliberalem Wirtschaftsverständnis und jüngstem Managementmodellen, im Konzept des "Reinventing Governement" artikuliert, erfaßte dann die demokratische Präsidentschaft der Vereinigten Staaten. Der amtierende amerikanische Vizepräsident legte einen "Report of the National Performance Review: Creating a Government that works better and costs less" vor. Ich kann an dieser Stelle nicht auf Einzelheiten dieses Reformansatzes für die Bundesverwaltung eingehen. Hervorzuheben ist jedoch, daß im Unterschied zum Reaganismus, bei dem die äußere Seite der Ökonomisierungsstrategie gefordert wurde, jetzt ein Schwerpunkt auf die innere Seite der Ökonomisierung gelegt wird. Das Ganze wurde dann, um das internationale Bild abzurunden, in Skandinavien aufgenommen, verbreitete sich im europäischen Kontext und beginnt nun auch in der Bundesrepublik Deutschland die Reformdiskussion zu prägen.

Indessen gibt es in Deutschland schon lange Erfahrungen mit Strategien der Ökonomisierung. Wie Sie wissen, haben wir in den achtziger Jahren auf breiter Ebene Privatisierung, Haushaltskonsolidierung und ähnliches praktiziert. Im Rahmen der deutschen Vereinigung kam man dann von diesem Thema zunächst wieder ab. Ich nenne dazu meine eigenen Forschungsaktivitäten. Ich habe mich von meiner aufgabenkritischen Beschäftigung in den achtziger Jahren den Fragen der Kommunalisierung von Vermögen zugewandt und hier mit der Treuhand-Anstalt zusammengearbeitet. Nach solcher Zuordnung von öffentlichem Vermögen und damit Aufgaben wende ich mich nunmehr wiederum aufgabenkritischen Fragen wie die der Privatisierung und Deregulierung zu. Durch das Zusammentreffen der finanziellen Folgewirkungen der deutschen Vereinigung und der tiefen ökonomischen Strukturkrise in Westdeutschland haben indessen interne Ökonomisierungsstrategien auch in der Bundesrepublik Deutschland Konjunktur. Es ist zu Recht hervorgehoben worden, daß diese Ökonomisierungsstrategien sehr stark im kommunalen Bereich praktiziert werden; aber auch auf Landesebene, wie etwa in Baden-Württemberg, rücken Fragen der ökonomischen Effizienz zunehmend in den Vordergrund. Im Vergleich zu den vielfältigen Aktivitäten auf kommunaler und Landesebene sind die Ökonomisierungsstrategien auf Bundesebene hingegen weniger ausgeprägt. Dies hat seine Gründe. Die Probleme der Vereinigung einschließlich des Berlin-Umzuges sind gewichtig. Aber vielleicht kann man die Prognose wagen, daß zumindest auf Bundes- und Landesebene interne Ökonomisierungsstrategien sich hauptsächlich in Maßnahmen der Personalreduktion konkretisieren werden. Auch in den Vereinigten Staaten von Amerika wird die Diskussion um "Reinventing Government" sehr stark unter dem Vorzeichen des Personalabbaus geführt. Hätte man valide empirische Erhebungen aus den Ländern des New Public Managements, so würden sich sicherlich auch viele der dortigen Modelle in ihrer administrativen Umsetzung auf eben jenen Aspekt reduzieren lassen.

Und nun zur Verwaltungszusammenarbeit: Es ist in diesem Kreise deutlich geworden, daß es nicht darum gehen kann, irgendwelche Managementmodelle zu vermarkten. Dies sollten weder die Fachhochschulen, noch die Hochschule Speyer oder die Bundesakademie tun. Das ist nicht unsere Funktion, das können wir denen überlassen, die das kommerziell betreiben. Was wir auch nicht tun können, ist, weltweit australische oder amerikanische oder ähnliche Verwaltungsreformen zu propagieren. Jedenfalls sollte eine Stiftung wie die DSE nicht Modelle aus Neuseeland ihren Partnern südlich der Sahara anpreisen. Wir sollten uns auf unsere eigenen langjährigen Erfahrungen besinnen. Es ist offensichtlich, daß diese nationalen Erfahrungswerte nicht nur beim Zoll, sondern in vielen anderen Bereichen heute ganz selbstverständlich auch international reflektiert werden müssen. Und es ist auch ganz selbstverständlich, daß wir uns auf unsere Partner einstellen, uns an kulturelle Bedingungen anpassen. Es darf nicht das passieren, was die Amerikaner in den siebziger Jahren getan haben, nämlich PPBS nach Nepal zu bringen.

Wenn wir es heute also sowohl mit einer internen wie auch externen Ökonomisierungsstrategie zu tun haben, so bewegt man sich zwangsläufig im Bereich des Politischen. Man sollte einmal der Frage nachgehen, weshalb Clinton Dinge macht, die man einem Reagan zugetraut hätte, aber nicht einem Demokraten. Dies ist eine hochinteressante Frage. Dasselbe gilt auch für den deutschen Kontext. In Hamburg etwa gab es von sozialdemokratischer Seite ein Privatisierungskonzept, d. h. also einen Strategieansatz externer Ökonomisierung. Die Haltung der Gewerkschaft in dieser Frage war: Unterstützung jeglicher Form der inneren Rationalisierung bei gleichzeitigem Erhalt der öffentlichen Trägerschaft! Und wenn man in die Dritte Welt geht, wird man dort auch auf solche politischen Fragen stoßen. Denn es geht um eine Strategiefrage, und diese wird überall gestellt, nicht nur in Deutschland, nur daß sie in der Dritten Welt sehr viel härter gestellt wird, sehr viel existentieller als bei uns. Denn welche Strategie man wählt, hängt maßgeblich davon ab, welche ökonomischen, politischen oder sozialen Grundlagen man zur Diskussion stellen möchte. Vieles spricht dafür, daß wir neben der externen heute auch eine interne Ökonomisierungsstrategie durchführen werden. Prognostisch spricht dafür, daß wir nach dem Zweiten Weltkrieg, nachdem wir ein machtungebundenes Regime in Staat und Verwaltung hatten, in der Bundesrepublik im Grunde eine starke Verrechtlichungsstrategie praktiziert haben, und zwar im positiven Sinne, im Sinne des Rechtsstaates. Es gibt die Bemerkung für die fünfziger und sechziger Jahre, das "wahre" Imperium in der öffentlichen Verwaltung hätten die Verwaltungsgerichte. In der damaligen Phase war das auch angemessen, denn es ging darum, den Rechtsstaat überhaupt aufzubauen. Ende der sechziger, Anfang der siebziger Jahre hatten wir dann eine Politisierungsphase unter verschiedensten Vorzeichen: Partizipationen, mehr Demokratie. Das Ergebnis war eine Politisierung, und zwar nicht nur im negativen Sinne; denn das Ausland bestätigt uns heute, daß wir - im Gegensatz zu den Vorurteilen, die im Hinblick auf die deutsche Verwaltung bestehen - eben nicht bürokratisch sind, sondern daß wir erstaunlich sensible Beamte haben. Und das ist auch meine Erfahrung. Stehen wir heute nun nach Verrechtlichung und Politisierung vor einer Ökonomisierungsphase? In den achtziger Jahren haben wir nach außen hin damit angefangen, und ich vermute, das wird sich fortsetzen müssen. Meines Erachtens sprechen alle Zeichen dafür. Es gibt eine Darstellung zum Thema "Was sagen die Oberbürgermeister?". Es hat noch nie so klare Aussagen gegeben: Auf Platz 1 steht das Thema Haushaltskonsolidierung, gefolgt vom Thema Verwaltungsreform. Zugleich ergibt sich jedoch aus der Verbindung von Haushaltskonsolidierung und Verwaltungsreform, daß es sich dem Grunde nach um eine nach außen gerichtete Ökonomisierungsstategie handelt, die jedoch mit internen Ökonomisierungsmaßnahmen verbunden wird.

Zur Wünschbarkeit einer solchen Verbindung nenne ich eine persönliche Erfahrung. Fünf Jahre lang waren Kabinettsvermerke für mich Alltagsarbeit. Nach der Hausanordnung des Bundeskanzleramtes schließt ein solcher Vermerk Bewertungen des Vorhabens ein. Aber wie sieht diese Bewertung in der Praxis aus? Was immer gelungen ist, das ist die rechtliche Bewertung. Selbst wenn ein Volkswirt Referatsleiter ist, ist das System so gut, daß die juristische Bewertung hoch differenziert ausfällt. Auch die politischen Bewertungen sind regelmäßig zutreffend. Der Beamte erweist sich jenseits seiner eigenen politischen Präferenzen als sensibel. Weiter sind die Bewertungen im Bereich gesamtwirtschaftlicher Daten auf relativ gutem Niveau. Es gibt eine hilfreiche Popularisierung volkswirtschaftlichen Wissens. Was weniger zufriedenstellend ist, sind die Bewertungen zur betriebswirtschaftlichen Seite öffentlicher Angelegenheiten. Zu verweisen ist nur auf die Frage der Vollzugskosten. Deswegen begrüße ich es, wenn dem Handlungsmaßstab der Effizienz mehr Geltung in der öffentlichen Verwaltung verschafft wird. Nur darf man damit nicht neo-technokratische Illusionen verbinden. Die Moderne zeichnet sich durch eine Differenzierung von Staat und Markt aus, und daran ist jede weitere Verwaltungsmodernisierung gebunden.

Schon in den dreißiger Jahren hat man aufgrund ganz bestimmter kultureller Prämissen in den USA gesagt, im öffentlichen und privaten Sektor, in der öffentlichen Verwaltung und in der Business-Administration, sei eigentlich alles gleich - mit Ausnahme des Wesentlichen. Was an der gegenwärtig bei uns geführten Diskussion stört, ist merkwürdigerweise das geringe Maß an wirtschaftswissenschaftlicher Reflexion. Ich möchte nur das Stichwort "öffentliche Güter" nennen: Wir nehmen Güter aus dem Markt heraus, wir definieren sie als öffentliche Güter, weil wir der Meinung sind, der Markt versage; wir entscheiden politisch über sie, aber dann sollen sie in der Umsetzungsphase wieder Marktmechanismen unterworfen werden. Ich verdeutliche nochmals das Prinzip, das ich nachher relativieren werde. Wir müssen den Grundvorgang sehen: Es werden Güter aus dem Markt herausgenommen; über diese wird politisch entschieden, Politik wird zudem rechtlich gezähmt; und nachdem wir das getan haben, sagen wir: Aber jetzt muß alles nach Marktmechanismen funktionieren. Und noch etwas anderes ist ökonomisch unzulänglich reflektiert. Man nimmt ein paar Begriffe, zum Beispiel den Begriff der "Dienstleistung", oder den Begriff des "Kunden". Und dann ziehen einige aus solchen Begriffen unzulässige Schlüsse. Das Problem ist doch nicht die Dienstleistung als solche, sondern das Problem ist, geht es um öffentliche oder private Dienstleistung? Aus dem Dienstleistungscharakter kann man viel herausholen. Man kann fragen, sind wir eine Dienstleistungsgesellschaft, oder ist eher das skandinavische Modell des Wohlfahrtsstaates ein Modell der Dienstleistungsgesellschaft. Man kann aber durch die Kategorie der Dienstleistung als solche nicht begründen, daß ein Marktmechanismus auch in der öffentlichen Verwaltung greifen soll, denn hier geht es um öffentliche Dienstleistungen. Man wartet auf ökonomischen Widerspruch.

So verhält es sich auch mit der Kategorie des Kunden. Denken Sie beispielsweise an drogenabhängige Jugendliche, an den polizeilichen Störer, an uns als Steuerzahler. All diese personalen Zuordnungen lassen sich spezifisch erfassen. Was bringt es dem Verhafteten als Kunden, die Verhaftung als Dienstleistung zu begreifen.

Das bedeutet nicht, die interne Ökonomisierungsstrategie sei unnötig. Der "kalte Stern der Knappheit" leuchtet nicht nur über dem privaten, sondern auch über dem öffentlichen Sektor. Aber ich plädiere für eine stärkere betriebswirtschaftliche Reflexion und eine sinnvolle Ausgestaltung solcher Ansätze. Zwei Richtungen bieten sich hierfür meines Erachtens an. Die eine Richtung zielt auf den Bereich der sekundären Effizienzen. An der Hochschule Speyer wird zur Zeit ein Projekt "Hochschulcontrolling" diskutiert. Es gibt eine betriebswirtschaftliche Sicht, die ein allgemein zielorientiertes Controlling befürwortet. Für mich ist indessen einsichtig, daß das weder im Universitätsbereich noch im Theaterbereich realisiert werden kann, denn wie will ich wissenschaftliche oder künstlerische Leistung finalisieren? Wir haben ja in der alten DDR eine finalisierte Wissenschaft gehabt und da konnte man erleben, was dabei herauskommt. Auch hatten wir in den siebziger Jahren hierüber bereits eine wissenschaftstheoretische Diskussion. Wenn ich jedoch ein auf Zielsystemen aufbauendes Controlling für den Hochschulbereich als nicht adäquat erachte, so bedeutet das nicht, daß ich grundsätzlich gegen Controlling im Wissenschaftsbereich bin. Dieses muß dann aber im Bereich sekundärer Effizienz ansetzen, so wie das ja auch im Theaterbereich diskutiert wird. Ich würde in finalistischer Vorordnung nicht beurteilen wollen, welche Lehrveranstaltung gesellschaftlich relevanter oder welches Forschungsgebiet für die wissenschaftliche Erkenntnis besser ist. Die Approbationsmechanismen von Lehre und Forschung sind aus guten Gründen vielseitiger. Jedoch kann man die Raumverteilung in Universitäten nach Effizienzkriterien vornehmen. Das Auditorium muß nicht nach Anciennitätsgesichtspunkten, vielmehr nach Hörerzahlen verteilt werden. Entsprechendes läßt sich für viele Bereiche von Organisation, Personal, Infrastruktur durchspielen. Theater, Hochschulen, Kliniken lassen sich in solchen Sekundärbereichen über ein Controlling steuern, ohne über Effizienzmaßstäbe unangemessen in künstlerische, wissenschaftliche, ärztliche Bewertungen einzugreifen. Dabei sollte man sich nicht am Begriff der sekundären Effizienz stoßen, genausowenig wie am Begriff der sekundären Tugenden. Die zweite Richtung, die ich sehe, deutet sich in der Frage nach dem öffentlichen Gut an. Ich wähle hier die Sprache der Ökonomen, aber man könnte auch anders sprechen, als Verwaltungswissenschaftler, dann wäre es die Frage, wie sich öffentliche Aufgaben definieren. Die ökonomische Theorie kann hierzu nur begrenzt etwas beitragen, blickt man auf die Realität der öffentlichen Güter. Auch die Rechtswissenschaft und andere Wissenschaften leisten nur Teilbeiträge zur Definition öffentlicher Aufgaben. Ich möchte dies nicht vertiefen, aber in der Bandbreite der Bestimmung öffentlicher Aufgaben würde ich folgende These aufstellen: Je unsicherer man ist, ob es sich wirklich um ein öffentliches Gut handelt, um so marktorientierter und unternehmerischer müßte das Management sein, das der Erstellung dieser Güter dient. Nehmen wir das Beispiel der Sparkassen, für die die Monopolkommission eine Privatisierung vorgeschlagen hat, die sich aus politischen Gründen jedoch aller Voraussicht nach nicht realisieren lassen wird. Das Minimum ökonomischer Gestaltung wäre hier, zumindest ein unternehmerisches Management einzuführen, wenn man diese Aufgabe schon nicht aus dem öffentlichen Sektor nehmen kann.

Zur Verwaltungsmodernisierung wurde hier gesagt, die Bundesrepublik Deutschland hinke im internationalen Vergleich um zehn Jahre hinterher. Nun gibt es selbst in den USA Leute, die sich nicht nur dort umsehen, sondern auch woanders. Ich zitiere jetzt einen angelsächsischen Wissenschaftler, der gesagt hat, man käme nicht an der Tatsache vorbei, daß diejenigen Länder - insbesondere Deutschland und Japan -, die in der öffentlichen Verwaltung die Ökonomisierungsstrategie des New Public Management explizit nicht praktiziert hätten, heute über die höheren wirtschaftlichen Leistungen verfügten, höher als Länder wie Großbritannien usw. Es wird so einfach vom Produkt geredet. Ich kann in diesem Zusammenhang nur empfehlen, sich einmal der Mühe zu unterziehen, tatsächlich einen internationalen Produktvergleich durchzuführen. Die Leistungskritik an der deutschen Verwaltung erhält eine geeignete Referenz, wenn man in einer dieser preisgekrönten Städte des Auslands einmal einen Produktvergleich mit einer deutschen Stadt gleicher Größenklasse im Bereich der Obdachlosigkeit, der inneren Sicherheit, der sozialen Dienstleistungen usw. durchführt.

Welche Folgerungen ergaben sich hieraus für die Verwaltungszusammenarbeit? Ich habe in Ländern wie Singapur, Mexiko und anderen Schwellenländern, dann aber auch in Ländern wie Vietnam, der Mongolei beobachtet, daß die deutschen Erfahrungen auf praktisches Interesse stoßen und daß der Rückgriff auf Modelle wie New Public Management nicht erforderlich ist, um solches Interesse zu wecken.

Man denke an die Marktöffnung durch Zulassung privater Angebote neben öffentlichen Diensten wie etwa der Zulassung privaten Rundfunks. Gerade in Entwicklungsländern sind einfache Privatisierungsstrategien oft nicht vertretbar, hingegen Angebotsausweitungen anstrebenswert. Auf besonderes Interesse stößt vielerorts die Verteilung von Aufgaben, Güterproduktionen, Vermögen zwischen öffentlichem und privatem Sektor, wie wir sie im Zusammenhang mit der Vereinigung Deutschlands und der Transformation von Staat und Wirtschaft der alten DDR historisch erfahren haben. Die Leistungen der Treuhandanstalt werden anderenorts oft höher eingeschätzt als bei uns. So gibt es in Deutschland vieles, was in aktuelle Schlagworte der internationalen Diskussion paßt und doch eigene Erfahrung jenseits der Modelle ist: von vielfältigen Formen der Private-Public-Partnership über die Infrastrukturfrage der Technologieförderung bis zur Konversionsproblematik im Hinblick auf den militär-industriellen Komplex. Es geht darum, sich nicht durch eine unternehmerische Rhetorik den Blick auf das zu verstellen, was Berichtenswertes für den internationalen Dialog auf deutschem Boden geschieht.

Trotz solcher Kritik sollte nicht überdeckt werden, was auf unserer verwaltungspolitischen Tagesordnung steht: die stärkere Ökonomisierung nach innen wie nach außen. Dazu gehört insbesondere die interne Rationalisierung der öffentlichen Verwaltung durch die verstärkte Berücksichtigung von Effizienzkriterien. Aus solcher Innovation der Verwaltungspraxis heraus, die dann auch angesichts internationaler Reformbewegungen reflektiert sind, können wir Beiträge zum entwicklungspolitischen Dialog leisten.

Franz Thedieck

Verwaltungsinnovation und Verwaltungszusammenarbeit

Dieser Beitrag geht der Frage nach, ob die aktuell diskutierte und in zunehmendem Maße auch praktizierte Verwaltungsreform das Themenspektrum der deutschen bilateralen Verwaltungszusammenarbeit erweitern sollte. Hierzu werden die Reforminhalte noch einmal kurz vorgestellt, die Schwachpunkte der traditionellen technischen Zusammenarbeit erläutert und daraus Folgerungen für Profil und Konzept einer deutschen Verwaltungszusammenarbeit gezogen. Hieraus beantwortet sich schließlich die eingangs gestellte Frage.

1. Ausgangslage

1.1. Relative Innovationsmüdigkeit der öffentlichen Verwaltung in Deutschland

Die Gebietsreform der 70er Jahre in der Bundesrepublik Deutschland, die zur Zusammenlegung von Kreisen und Gemeinden führte, hatte nicht nur positive Auswirkungen, sondern rief auch viel Unmut bei den betroffenen Bürgern und Lokalpolitikern hervor. In der Tat veränderte diese Reform erheblich den Aktionsraum der Kommunalpolitik, insbesondere wurde die räumliche und damit auch die persönliche Distanz des Bürgers zu seinem Ratsvertreter erheblich vergrößert, die Unmittelbarkeit des lokalpolitischen Dialogs ging weitgehend verloren. Gleichzeitig führte die Aufgabe traditioneller und die Bildung neuer Verwaltungseinheiten zu einer Entfremdung des Bürgers von seinem Gemeinwesen. Die "Politikverdrossenheit" hat ihren Ursprung auch in Konsequenzen dieser

Reform. Überkommene kulturelle und politische Identifikationsmuster wurden zerstört. Schließlich hat die Reform soviel Kraft gekostet und Frustrationen verursacht, daß auf Jahre hinaus das Thema einer weiteren Verwaltungsreform tabu blieb. Noch 1989 konnte in einer Umfrage deutlich die Reformmüdigkeit der deutschen Verwaltung im Vergleich mit ihrem französischen Gegenpart festgestellt werden: So negativ war die Erinnerung an die Gebietsreform, daß noch 20 Jahre später Reformgedanken prinzipiell abgelehnt wurden. Der Begriff der Verwaltungsinnovation blieb lange Zeit negativ besetzt.[1]

Dies war eine Ursache dafür, daß die Bundesrepublik einen Verwaltungsreformprozeß verschlief, der in vielen Staaten seit 10 bis 15 Jahren stattfindet. Symptomatisch ist. daß in dem OECD-Jahresbericht von 1993, der den Zustand der westlichen öffentlichen Verwaltungen beschreibt, unter dem Stichwort "Implementierung / public management reform" jeglicher Hinweis auf die Bundesrepublik Deutschland fehlt.[2]

Die deutsche Verwaltung muß sich nun bemühen, den Anschluß an die Reformdiskussion und -umsetzung zu gewinnen, um ihre Aufgaben effektiv zu erfüllen und international nicht zweitklassig zu werden.[3]

Die positive Einschätzung von Angehörigen der deutschen öffentlichen Verwaltung über den Zustand ihrer Institutionen ist im internationalen Vergleich nur bedingt begründet. Zwar gilt in vielen traditionellen Partnerländern des Südens das Verwaltungssystem der alten Bundesländer als solide, rechtsstaatlich, perfektionistisch und vor allem im Hinblick auf seine dezentrale Struktur als vorbildlich; doch die geringe Einbeziehung wirtschaftlicher Kategorien und moderner Managementkonzepte - z.B. das der Organisationsentwicklung - in das Verwaltungshandeln läßt kriti-

---

[1] *F. Thedieck*: Verwaltungskultur in Frankreich und Deutschland. Baden-Baden 1992, S. 78.

[2] *PUMA*: Public Management Developments, Survey 1993. OECD. Paris 1994, S. 17.

[3] *C. Reichard*: Internationale Trends im kommunalen Management in: *G. Banner* und *C. Reichard*:Kommunale Managementkonzepte in Europa. Köln 1993, S. 3.

sche Beobachter eine "Leistungs- und Modernisierungslücke" diagnostizieren.[4]

Diese Situation findet ihre Entsprechung im privaten Sektor. Auch die deutsche Wirtschaft wies zu Beginn der neunziger Jahre ein Innovationsdefizit auf; die von Japan ausgehenden Konzepte des „lean management" und auch der „lean production" wurde nur zögerlich aufgegriffen.[5]

Einige Autoren führen die Modernisierungslücke auf Vorbehalte gegenüber fremden Kulturen zurück und sehen einen Zusammenhang mit der Fremdenangst in der deutschen Gesellschaft.[6]

Aber auch, wer diesen Schluß als künstlich konstruiert empfindet, wird anerkennen müssen, daß Lernen aus internationalen Erfahrungen Aufgeschlossenheit und Vorurteilsfreiheit gegenüber anderen Kulturen voraussetzt.

1.2. Finanzkrise der öffentlichen Hand

Anlaß für die durchgreifende Verwaltungsreform in den Niederlanden, welche verkürzt und typisierend „Tilburger Modell" genannt wird, war die kommunale Finanzkrise in den achtziger Jahren. Die Einnahmen stagnierten, während Sozialausgaben und Finanzierungskosten für Kredite rapide anstiegen. Es trat klar zutage, daß der Schuldenberg weiter anwachsen und die Manövrierfähigkeit der Gemeinde gegen Null schrumpfen würde, wenn man nicht durch eine grundlegende Reform gegensteuerte. Binnen sieben Jahren wurde der Umbau von einer traditionellen Verwaltungsorganisation zum kommunalen Dienstleistungsunternehmen vollzogen. Eine unternehmensähnliche Konzernstruktur wurde

---

[4] *D. Budäus*: Public Management. Berlin 1994, S. 20; *F. Behrens*: Das Neue Steuerungsmodell aus Sicht einer Kommunalaufsichtsbehörde. In: KGSt-Mitteilungen 1994, S. 89 f.; *H. Reinermann*: Die Krise als Chance: Wege innovativer Verwaltungen. Speyerer Forschungsberichte Band 139. Speyer 1994.

[5] Vgl. *T. Necker* in: „mobil" Nr. 1 / 1994, S. 3.

[6] *H. Merten*: Lean Management als Paradigma interkulturellen Lernens. In: *A. Thomas*: Psychologie und multikulturelle Gesellschaft. Göttingen / Stuttgart 1994, S. 280.

aufgebaut, die auf Kontraktmanagement beruht: Die Verwaltungsführung vereinbart Kosten und Leistungen mit ihren teilautonomen Untereinheiten.[7]

In Deutschland liegen die Dinge nicht anders: Die öffentliche Hand ist durch eine bisher nie gekannte Schuldenlast in ihrem Handlungsspielraum empfindlich beschnitten. Die Ursachen sind zum einen identisch mit der niederländischen Situation, zum anderen ergeben sich weitere Lasten aus der deutschen Einigung, die etwa DM 100 bis 150 Milliarden Nettotransfer jährlich zwischen 1990 und 1994 ausgemacht haben. Der hierdurch angehäufte Schuldenberg aller öffentlichen Haushalte, der von DM 1.166 Mrd. im Jahre 1991 auf die gigantische Summe von DM 1.689 Mrd. im Jahre 1994 - das entspricht DM 20.800,- pro Kopf der Bevölkerung - angewachsen ist, stellt deren finanzielle Geschäftsgrundlage in Frage. Für das Jahr 1995 sieht die weitere Finanzplanung eine Steigerung auf ca. DM 2.100 Mrd. vor, binnen eines Zehnjahreszeitraums werden sich damit die Staatsschulden von 41 % auf 62 % des Bruttoinlandsprodukts erhöhen.[8]

Gleichzeitig ergibt sich aus dem Problemdruck ein entsprechendes Innovationsbemühen, denn ohne radikalen Kurswechsel würden schon in einem oder zwei Jahren die öffentlichen Haushalte nicht mehr finanzierbar sein.[9]

---

[7] Vgl. *KGSt*: Wege zum Dienstleistungsunternehmen Kommunalverwaltung - Fallstudie Tilburg. KGSt-Bericht Nr.19/1992; *G.J. Wolters*: Das Tilburger Modell. In: Der Gemeindehaushalt 10/1992, S. 217f.; Zusammenfassung bei *E. Eberle und K. Notheis*: Verwaltungsreform. Umgestaltung des Gemeindewirtschaftsrechts. 17. Kehler Hochschultag. Kehl 1993; *C. Reichard*: Internationale Ansätze eines "New Public Management". In: *M. Hofmann und A. Al-Ani*: Neue Entwicklungen im Management. Heidelberg 1994, S. 143.

[8] *Deutscher Bundestag*: Bundestagsdrucksache 12/8227; *E. Vetter*: Was bringt die Verwaltungsreform für die Kommunen? Dokumentation des 17. Kehler Hochschultages 24.09.1994, S. 14; *H. Hitte*: Staatskonzeption - Auf dem Weg zu einem neuen Staat. In: VOP 1994, S. 301.

[9] *F. Behrens*: Das Neue Steuerungsmodell, a.a.O.; vgl. die Selbsteinschätzung der Gemeinden in: *Deutsches Institut für Urbanistik Berlin*: difu-berichte 1994, S. 3.

2. Die Antwort innovativer Gemeinden: ein neues Steuerungsmodell

Real obsolete existierende Systeme weisen ein hohes Beharrungsvermögen auf und widerstehen über lange Zeiträume sachlogisch abgeleiteten Veränderungsversuchen. Das Berufsbeamtentum ist hierfür ein Beispiel. Obwohl das besondere Treueverhältnis sich Ende des Zweiten Weltkrieges weitgehend zu einem „normalen" Arbeitsverhältnis entwickelt hat, wurde es als ideologische Fiktion aufrecht erhalten. Es widerstand bislang allen Bemühungen um eine Dienstrechtsreform. Erst die aktuelle tiefe Finanzkrise gibt längst vorliegenden Reformvorschlägen eine reale Realisierungschance.

Die Verwaltungsreform wird sich zunächst dort einen Weg bahnen, wo die Krise die objektiven Handlungsspielräume am schärfsten einengt und dadurch am deutlichsten in das Bewußtsein der politischen Akteure und der Bürger tritt: auf der Gemeindeebene. Aber auch auf der Ebene der Bundesländer und zunehmend auch im Bereich der Bundesverwaltung konkretisieren sich die Reformbemühungen.[10]

Über die Inhalte der neuen Steuerungsmodelle liegt bereits anderenorts umfangreiche Information vor, so daß ich mich darauf beschränken möchte, deren Grundelemente darzustellen.[11]

---

[10] Vgl. *F. Behrens*: Das Neue Steuerungsmodell, a.a.O.; vertiefend dazu *H. Reinermann*: Die Krise als Chance, a.a.O.; *W. Jann*: Moderner Staat und effiziente Verwaltung. Gutachten für die Friedrich-Ebert-Stiftung. Bonn 1994; *Landtag von Schleswig-Holstein*: Schlußbericht der Enquete-Kommission zur Verbesserung der Effizienz der öffentlichen Verwaltung. Kiel 1994.

[11] Vgl. die bei *C. Reichard*: Umdenken im Rathaus. Berlin 1994, S. 87, aufgelistete Literatur. Ferner *E. Eberle* und *K. Notheis*: Verwaltungsreform. Umgestaltung des Gemeindewirtschaftsrechts, a.a.O.; *G. Banner und C. Reichard*: Kommunale Managementkonzepte in Europa. Köln 1993; *F. Brückmann*: Ein neues Steuerungssystem für die Kommunalverwaltung. Wettenberg 1994; *R. Koch und B. Kosub*: Lean Management als Wegweiser für Verwaltungsreformen? In: VuF 1994, S. 209; *H.E. Meixner*: Bausteine neuer Steuerungsmodelle. Rostock und Bornheim-Roisdorf 1994; zum internationalen Kontext vgl. *I. Scott und I. Thynne*: Public Sector Reform: Critical Issues and Perspectives. In: Asian Journal of Public Administration. Hong Kong 1994.

E+Z, 1995

Die einzelnen Elemente des Reformkonzepts sind dabei kaum neu, sondern werden schon lange diskutiert, teilweise sind sie bereits geltende Normen, die nur unzureichend beachtet werden. Neu ist vielmehr die Zusammenführung aller Reformvorschläge zu einem Gesamtkonzept, das von dem Gedanken der Wirtschaftlichkeit geleitet ist; erst diese umfassende Vision und ihre griffige Etikettierung brachten die öffentliche Diskussion in Gang. In diese mischen sich auch ernsthafte Stimmen, die vor zu viel Euphorie und undifferenzierter Übertragung der im privaten Sektor üblichen Managementtechniken auf den öffentlichen Bereich warnen.[12]

Die einzelnen Elemente stellen sich wie folgt dar:

Entflechtung von Politik und Verwaltung

Schon aufgrund der Informationsfülle und Entscheidungsmasse ist es nicht möglich, daß der Gemeinderat als demokratisches Repräsentations- und politisches Entscheidungsorgan sich um alle Verwaltungsdetails kümmert. Dies wäre nicht wünschenswert: Denn trifft der Rat nicht nur die politischen Entscheidungen, sondern greift auch in deren Umsetzung ein, so begibt er sich der eigenen Steuerungsfähigkeit. Er rudert, aber steuert nicht. Deshalb ist zwischen politischer Verantwortung, die die Grundentscheidungen zu treffen hat, und administrativer Verantwortung, der die Durchführungsentscheidungen und -maßnahmen obliegen, klar zu unterscheiden. Dazu werden zwischen Rat und Verwaltungsführung jährlich in einem "Kontrakt" die zu erbringenden Leistungen und das dafür zur Verfügung gestellte Budget vereinbart (Kontraktmanagement).

Kunden- und Marktorientierung

Das Verwaltungshandeln wird streng an den Interessen des Bürgers ausgerichtet, der Bürger als "Kunde" begriffen und so behandelt. Die Wünsche des Kunden haben oberste Priorität.

Die Verwaltungsinstitution versteht sich als Dienstleistungsunternehmen, das nicht mehr von innen nach außen, sondern vom "Markt" her organi-

---

[12] *H.G. Zavelberg*: Lean Management - ein methodischer Ansatz für mehr Effizienz und Effektivität in der öffentlichen Verwaltung? In: DÖV 1994, S. 1040; *E. Laux*: Die Privatisierung des Öffentlichen: Brauchen wir eine neue Kommunalverwaltung? In: Der Gemeindehaushalt 1994, S. 169; *E. Laux*: Die Mär von der "Großen Vision". In: DÖV 1994, S. 777; *G. Jordan*: Reinventing government: but will it work? In: Public Administration (London) 1994, S. 271; *R.C. Moe*: The „Reinventing Government" Exercise: Misinterpreting the Problem, Misjudging the Consequences. In: Public Administration Review (Washington) 1994, S. 111; *K. König*: „Neue" Verwaltung oder Verwaltungsmodernisierung: Verwaltungspolitik in den neunziger Jahren. In: DÖV 1995.

siert ist. Die Wettbewerbskomponente ist nicht einfach in das System der öffentlichen Verwaltung zu integrieren, weil es sich von der Exklusivität seiner Aufgaben her definiert. So wird unter diesem Stichwort die zeitnahe Rückkoppelung zwischen Verwaltungsbehörde und ihrem Kunden als ein Wettbewerbselement diskutiert. Ferner werden künstliche Wettbewerbe in der Form von Leistungsvergleichen mit anderen Verwaltungsinstitutionen (benchmarking), aber auch mit Privatbetrieben organisiert. Beispiele hierfür sind die "Speyerer Qualitätswettbewerbe", welche von der Hochschule für Verwaltungswissenschaften veranstaltet werden, und entsprechende Aktivitäten der Bertelsmann-Stiftung.[13]

Daneben kann eine öffentliche Leistung auch an den Privatsektor vergeben oder die Auswahl unter den Anbietern dem Kunden auf der Grundlage eines Vouchersystems überantwortet werden. Herkömmliche Beispiele hierfür sind der Betrieb einer Kantine oder die öffentliche Rechtsberatung sozial Schwacher durch die Rechtsanwaltschaft; dieses System ist aber auch übertragbar auf den Betrieb öffentlicher Einrichtungen (z.B. Schwimmbäder oder Bibliotheken) oder öffentliche Prüf- und Genehmigungsverfahren.

Output- statt Inputsteuerung

Für alle Dienststellen der Verwaltung werden die Leistungen als "Produkte" quantitativ und qualitativ operationalisiert beschrieben, wodurch die Ergebnisse des Verwaltungshandelns in das Zentrum der Aufgabenerfüllung gerückt werden. Diese Kostenorientierung ermöglicht eine wirtschaftliche Betrachtungsweise und eröffnet eine Grundlage für politische Entscheidungen, z.B. eine Privatisierung. Reichard hebt kritisch hervor, daß die bisherige Diskussion zu sehr auf der Ebene der bloßen Maßnahmen verhaftet geblieben sei, ohne die Wirkungsebene ausreichend einzubeziehen.[14]

---

[13] O. *Haubner / H. Hill / H. Klages*: 1. Speyerer Qualitätswettbewerb 1992. In: VOP 1993, S. 46; kritisch zur generellen Qualifizierung der öffentlichen Verwaltung als Dienstleistungsunternehmen und zum Kundenbegriff: K. *König*: „Neue" Verwaltung oder Verwaltungsmodernisierung, a.a.O.; vgl. auch *H. Hill*: Staatskonzeption. In: VOP 1994, S. 301, 307f..

[14] C. *Reichard*: Umdenken im Rathaus, a.a.O., S. 56.

Controlling

Die Abkoppelung der politischen Verantwortung und ihrer Träger von der administrativen Routine führt zwangsläufig zu einer Reduktion der politischen Eingriffssphäre. Dies soll durch eine flächendeckende Berichterstattung von der Verwaltung an die politischen Organe kompensiert werden, das Kernelement eines "Controlling". Vergleichbar den TZ-Instrumenten des "monitoring and evaluation" ermöglicht es, bei Zielabweichungen Maßnahmen zur Gegensteuerung zu ergreifen.

Neuer Rechnungsstil

Die herkömmliche kameralistische Buchführung des öffentlichen Sektors wird ersetzt durch ein System der doppelten kaufmännischen Buchführung, die "Doppik". Diese im Privatsektor durchaus übliche - für die öffentliche Verwaltung aber neue - Buchführungsmethode erleichtert die rechnerische Vergleichbarkeit mit Eigenbetrieben und privatwirtschaftlichen Unternehmen sowie die Erstellung eines konsolidierten Gesamtergebnisses ("Konzernbilanz"). Kameralistik und doppelte Buchführung schließen sich auch nicht gegenseitig aus; die Neuorientierung führt im Gegenteil dazu, daß zusätzliche Daten über bestimmte Kosten verfügbar sein werden.[15]

Dezentrale Ressourcenverwaltung

Gegenwärtig ist die Aufgabenverteilung der öffentlichen Verwaltung gekennzeichnet durch eine Trennung der Verantwortung für die fachlichen Entscheidungen einerseits und für die Finanzen andererseits. Dies wird als "System organisierter Unverantwortlichkeit" kritisiert, charakterisiert in dem Bemühen des „Ausgebens um jeden Preis" am Jahresende ("Novemberfieber").[16]

Eine andere Form der Budgetverwaltung ist erforderlich, die den Fachämtern mit der Aufgabe auch die Verantwortung für Finanzen und Organisation zuweist. Anders als der traditionelle Haushaltsplan ermög-

---

[15] *F. Behrens*: Das Neue Steuerungsmodell, a.a.O..

[16] *G. Banner*: Von der Behörde zum Dienstleistungsunternehmen. In: VOP 1991, S. 6.

licht eine dezentrale Ressourcenverwaltung den Ämtern einen zielorientierten und wirtschaftlichen Einsatz ihrer Budgetmittel und dem politischen Kontrollorgan die Steuerung finanzpolitischer Entscheidungen. In der Stadt Herten können die Ämter eingesparte Mittel zu 60 % in ihrem Fachbereich behalten und zu anderen fachlichen Zwecken einsetzen oder auf das kommende Haushaltsjahr übertragen.

Aktive Personalpolitik

Dreh- und Angelpunkt einer jeden Verwaltungsreform ist das Personal, das die Reform einführen und umsetzen soll. Das Bild des Verwaltungsbeamten wandelt sich zu dem eines "Public Managers", welcher sich durch Eigenverantwortlichkeit, Effizienzbewußtsein, Bürgerorientierung und wirtschaftliche Betrachtungsweise und fachliche Kompetenz auszeichnet.[17]

Die Einführung dieses neuen Personalkonzepts erfordert eine umfassende Einbeziehung der Mitarbeiter und ihrer Vertretung in Planung und Umsetzung des Programmes, eine intensive Fortbildung auf der Grundlage individueller Personalentwicklungspläne und eine leistungsorientierte Bezahlung. Die Investition in die Humanressourcen gewinnt für fortschrittliche Verwaltungen einen entscheidenden Stellenwert, der sich in der Größenordnung des Mitteleinsatzes dokumentiert: ca. 2.000 bis 3.000 US$ pro Jahr und Mitarbeiter ist diesen Institutionen die Qualifizierung ihres Personals wert.[18]

---

[17] *C. Reichard*: Umdenken im Rathaus, a.a.O..

[18] *C. Reichard*: Internationale Ansätze eines "New Public Management", a.a.O., S. 153, nennt 3 - 5 % der Personalausgaben als Richtwert für erfolgreiche Verwaltungen.

3. Beispiele kommunaler Innovation

Die Verwaltungsmodernisierung beschränkt sich keineswegs auf wenige Gemeinden als Vorreiter; vielmehr wird das neue Steuerungsmodell auf lokaler Ebene beinahe flächendeckend eingeführt.[19]

Die Hochschule für Verwaltungswissenschaften schrieb 1992 und 1994 Qualitätswettbewerbe für die öffentliche Verwaltung aus. Verwaltungsorganisationen, die sich vorbildlich an den Zielen des "New Public Management" orientieren, sind zur Teilnahme an diesem internen Wettbewerb eingeladen. Knapp sechzig Verwaltungen nahmen am ersten Qualitätswettbewerb teil, dessen lebhaftes öffentliches Echo zu einer weiteren Ausschreibung nach der Idee des "NPM" führte.[20]

Auch die Bertelsmann-Stiftung konzentriert einen Teil ihrer Aktivitäten auf die Modernisierung der öffentlichen Verwaltung. Die Stiftung berät eine Reihe von Verwaltungsorganisationen im In- und Ausland bei der Einführung neuer Steuerungsmodelle. Als positive Beispiele für den neuen Typ kommunalen Managements werden Christchurch / Neuseeland, Phoenix / USA und Bielefeld herausgestellt. Ähnliche Modernisierungsvorhaben der deutschen Kommunen unterstützt auch die Wüstenrot Stiftung.[21]

---

[19] *J. Cornelius*: Wie radikal muß der Umbau unserer Verwaltung sein? Business-Reengineering in Wuppertal. KGSt-Mitteilungen Nr. 2/1995, S. 9; *Stadt Herten*: Der Konzern Stadt Herten. Einführung eines neuen Steuerungsmodells in einer Mittelstadt im Ruhrgebiet. Herten 1994. Beispielhaft: *Stadt Trier*: Projekt Rathaus Trier: Ein bürgernaher leistungsfähiger Dienstleistungsbetrieb / Neuorganisation der Verwaltung. Drucksache Nr. 70/1994; *Landkreis Osnabrück*: Neues Steuerungsmodell. Drucksache vom 1.2.1994. Eindrucksvoll ist auch: *Senatsverwaltung für Inneres Berlin*: Projektpräsentation "Berlin. Unternehmen Verwaltung. Neues Berliner Verwaltungsmanagement" vom 17.11.1994.

[20] *O. Haubner / H. Hill / H. Klages*: 1. Speyerer Qutitätswettbewerb 1992, a.a.O.; *H. Hill und H. Klages*: Qualitäts- und erfolgsorientiertes Management. Berlin 1993.

[21] *Bertelsmann-Stiftung* (Hrsg.): Carl-Bertelsmann-Preis 1993: Demokratie und Effizienz in der Kommunalverwaltung. Gütersloh 1993; KGSt-Mitteilungen 1994, S. 87.

Mittlerweile ziehen auch die Landesverwaltungen nach, während auf Bundesebene erste konzeptionelle Überlegungen angestellt werden.

4. Konsequenzen der kritischen TZ-Analyse

Zur Beantwortung der Frage, ob die Ideen des NPM Gegenstand der deutschen Verwaltungszusammenarbeit (VZ) sein können, werden die Kritik an der Technischen Zusammenarbeit (TZ) und deren Konsequenzen allgemein zusammengefaßt, bevor darauf eingegangen wird. welche spezifischen Folgerungen für die VZ zu ziehen sind.

Technische Zusammenarbeit umfaßt u.a. den Bereich der Entwicklung menschlicher Ressourcen in Partnerländern. Seit über 30 Jahren bilden Instrumente und Mechanismen der TZ einen Hauptpfeiler der mit öffentlichen Mitteln finanzierten Entwicklungszusammenarbeit. Das Ende der Ost-West-Auseinandersetzung hat Raum für eine kritische Überprüfung der TZ gegeben, in deren Folge eine umfassende internationale Diskussion eingesetzt hat. Als Kardinalfehler der TZ werden genannt:

- die Vernachlässigung lokaler personeller Kapazitäten,
- die Verfolgung isolierter Projektansätze,
- die Angebotsorientierung von TZ,
- die schwache Entwicklungsorientierung der Partnerländer und
- die mangelhafte Vorbereitung und Koordination von TZ-Maßnahmen.

Diese Mängel verhindern weitgehend, daß TZ-Aktivitäten nachhaltige und breitenwirksame Effekte entfalten können.

Eine effektive TZ darf sich nicht an isolierten Projektansätzen orientieren, sondern muß auf Breitenwirksamkeit angelegt sein. Hierzu ist es notwendig, die TZ-Aktivitäten auf die Verbesserung von Rahmenbedingungen zu konzentrieren. So befriedigend es für die Beteiligten sein mag, funktionierende "Inseln des Fortschritts" aufzubauen, so frustrierend ist es zu beobachten, daß dadurch nur ausnahmsweise die Gesamtsituation eines Landes verändert wird. Wenige kleine Änderungen der Rahmenbedingungen wirken demgegenüber generell und können bei Orientierung auf die entwicklungspolitisch relevanten Zielgruppen generelle Verbesserungen bewirken.[22]

Diese Kritik weist zu Recht über die bloße Durchführungsebene hinaus; denn falsche oder defizitäre Durchführungskonzepte stellen nicht die Hauptursache für eine gescheiterte TZ-Politik dar.[23]

In Wirklichkeit prädestinierten die politischen Motive der "Hilfe" häufig bereits das Scheitern vieler Projekte. Nicht immer standen Sinn und Erfolg von Projekten im Zentrum der Geberinteressen, häufig spielte vielmehr die Sicherung des politischen und wirtschaftlichen Einflusses auf das jeweilige Partnerland eine entscheidende Rolle.[24]

Die Schlußfolgerung aus der Vielzahl gescheiterter TZ-Projekte sollte nicht in einer Reduzierung, sondern einer qualitativen Verbesserung der personellen Zusammenarbeit bestehen. Das umfangreiche Potential von gut ausgebildeten einheimischen Fachkräften muß konsequent und systematisch für die TZ-Bedarfe genutzt werden. Soweit wie möglich soll einheimisches Know-How eingesetzt werden - das folgt schon aus dem

---

[22] *OECD*: DAC-Grundsätze für wirksame Entwicklungshilfe. Paris 1992; *GTZ*: Technische Zusammenarbeit am Ende - oder am Ende einer Epoche? GTZ-Dokument vom 20.01.94; *BMZ*: Neue Wege der personellen Zusammenarbeit (PZ). Informationsvermerk Nr.10/94 für den Bundestagsausschuß für wirtschaftliche Zusammenarbeit vom März 1994; *E. Jaycox*: Capacity Building: The missing link in African development. Rede im African-American Institute am 20.05.1993; *E.J. Berg*: Rethinking Technical Cooperation: Reforms for Capacity Building in Africa. UNDP Regional Bureau for Africa 1993; zuletzt aber mit einer deutlichen Beschränkung auf die Probleme der Projektplanung und Evaluierung: *D. Rondinelli*: Strategic management in foreign aid agencies: developing a result-based performance system. In: International Review of Administrative Sciences 1994, S. 465; *J. Kaul*: A New Approach to Aid. In: Development and Cooperation 1993, S. 17; *W. Hillebrand / D. Messner / J. Meyer-Stamer*: Im Spannungsfeld von Nachhaltigkeit und Breitenwirksamkeit. In: E + Z 1995, S. 8.

[23] So auch *CDU/CSU-Bundestagsfraktion*: Hilfe zur Selbsthilfe. Bonn September 1994, S. 46.

[24] Sehr kritisch hierzu: *G. Estava*: Jenseits von NRO's. In: epd - Entwicklungspolitik 17/1994; *P. Boone*: The impact of foreign aid on savings and growth. London School of Economics, working paper 1265; *P. Boone*: Politics and the effectiveness of foreign aid. London School of Economics, working paper 1267; „Empty Promises". In: The Economist, 7. Mai 1994, S. 13ff..

Subsidiaritätsprinzip - , aber auch weiterhin im erforderlichen Maß auf Personal aus Geberländern zurückgegriffen werden. Diese Politik wird zu einer deutlichen Reduzierung von Langzeitexperten aus Industrieländern führen, andererseits aber die Notwendigkeit von Kurzzeitberatungen ausweiten.

Die Erkenntnis, daß die in den verschiedenen Gesellschaften bestehenden Probleme häufig globale Lösungen verlangen, sowie die Erkenntnis, daß Entwicklung ein globaler Prozeß ist, der sich nicht auf "Entwicklungsländer" reduzieren läßt, postuliert nämlich eine Tendenz zur Intensivierung der internationalen personellen Zusammenarbeit.[25]

Die Beziehung zwischen den beteiligten Projektpartnern muß künftig durch wirkliche Gleichberechtigung geprägt sein. Dies betrifft die Planung, Durchführung und Evaluierung der TZ-Maßnahmen sowie die darin organisierten Verantwortungshierarchien. Indikator für das verwirklichte Maß an Gleichberechtigung ist die Regelung der finanziellen Entscheidungsbefugnisse.[26]

Zusammenfassend kann als Konsequenz der kritischen Aufarbeitung der TZ-Erfahrungen festgehalten werden, daß nachhaltige und breitenwirksame TZ insbesondere davon abhängt, inwieweit es gelingt,

- die Rahmenbedingungen im Sinne einer Entwicklungsorientierung des Partnerlandes zu verbessern,

- die TZ-Konzeption an die gewachsene Fachkompetenz und Verantwortungsbereitschaft des Partnerpersonals anzupassen,

- den Grundsatz der Subsidiarität in der Weise konkretisieren, daß sektorale oder regionale Problemlösungskapazitäten im Wege gesellschaftlicher Selbstorganisation aufgebaut bzw. gestärkt werden,

- nachhaltige Trägerstrukturen im Partnerland aufzubauen und

---

[25] Vgl. *H. Elshorst*: „Entwicklungshilfe" für den Norden? In: E+Z 1994, S. 220; M. Müller: Die ökologische Revolution. In: E+Z 1994, S. 223; vgl. die USAID-Initiative „lessons without borders", durch die Erfahrungen der Süd-Zusammenarbeit für US-amerikanische Städte nutzbar gemacht werden, in: IPS Nr. 4 vom 28.01.1995, S. 4.

[26] So auch *J. Mayr*: Nachhaltigkeit - Eine Zeitreise in die Zukunft. DED-Brief Nr. 2/3 1994, S. 54f..

- die TZ nicht an dem Angebot der Geberseite. sondern an dem Bedarf der Zielgruppe zu orientieren.[27]

5. Konsequenzen für die bilaterale deutsche Verwaltungszusammenarbeit

Verwaltungszusammenarbeit wird hier als eine Teilmenge der internationalen TZ verstanden, deren Ziel auf den Aufbau, die Modernisierung, die Bürgernähe sowie die Effizienz- und Effektivitätssteigerung von öffentlichen Verwaltungen gerichtet ist.

Die Verwaltungszusammenarbeit führt in der Bundesrepublik ein stiefmütterliches Dasein. Dies gilt bereits für ihren Anteil am Umfang der gesamten Entwicklungszusammenarbeit (EZ), aber es wird auch sichtbar an den personellen Ressourcen, die die Durchführungsorganisationen für diesen Sektor vorhalten. Woran mag dies liegen, wird doch die EZ größtenteils von öffentlichen Verwaltungen organisiert, die von der eigenen Qualität durchaus überzeugt sind?

Im Verhältnis zur Finanziellen Zusammenarbeit macht die TZ nur einen vergleichsweise geringen Anteil an der gesamten EZ aus. Aber auch im Rahmen der TZ wird der Verwaltungszusammenarbeit nur geringe Bedeutung beigemessen. Dies hat zum Teil mit der mangelnden Entwicklungsorientierung der öffentlichen Verwaltung in Deutschtand zu tun, aber auch damit, wie die Bundesrepublik von innen und außen wahrgenommen wird. Sie galt - und gilt mit Abstrichen - als Beispiel für eine erfolgreiche Wirtschafts- und Sozialentwicklung. Wie Deutschland nach dem Zweiten Weltkrieg sein Wiederaufbau in einem Klima sozialer Stabilität gelungen ist, war im In- und Ausland Gegenstand der Bewunderung. So liegt es auf der Linie dieser Wertschätzung, daß Projekte der

---

[27] Vgl. die neuen Entwicklungsziele der Weltbank in: epi Nr. 11/94, S. 4; *W. Hillebrand / D. Messner / J. Meyer-Stamer*: Im Spannungsfeld von Nachhaltigkeit und Breitenwirksamkeit, a.a.O., S. 11; *U. Popp*: Thesen zu künftigen Instrumenten und Modellen einer Trägerstrukturförderung nationaler Dienste in Ländern des Südens. Manuskript für das Fachgespräch des Arbeitskreises "Lernen und Helfen in Übersee" am 11.3.1993.

wirtschaftlichen Entwicklung im weitesten Sinne dominierender Inhalt bundesdeutscher TZ geworden sind.

Demgegenüber stand die öffentliche Verwaltung nicht im Zentrum des Interesses, geschweige denn der Bewunderung. Lange wurde deutsche Verwaltung - unabhängig von der konkreten Realität - wahrgenommen als Ausformung des Obrigkeitsstaates par excellence. Sie wird mehr einem perfekt installierten System von Befehl und Gehorsam gleichgesetzt, denn als Synonym für fortschrittliches Verwaltungshandeln begriffen. In weiten Teiten der entwicklungspolitischen Öffentlichkeit wird die Übertragung deutscher Verwaltungserfahrungen als schädlich für die Entwicklung der Partner eingeschätzt, kurz als entwicklungshemmender Faktor begriffen.

Es ist zutreffend, daß die VZ von vielen der Schwachstelten gezeichnet ist, die auch für die TZ typisch sind. Das gilt für die Vernachlässigung lokalen Know-Hows ebenso wie für die Angebotsorientierung der VZ-Politik.

Atlerdings ist die TZ-Kritik in einem Punkt nicht auf die VZ übertragbar. Wenn gefordert wird, daß TZ isolierte Projektansätze aufgeben soll zugunsten einer Beeinflussung der Rahmenbedingungen, so erfüllt VZ strukturell bereits diese Vorgabe. Denn VZ-Maßnahmen sind immer auf die Beeinflussung von Rahmenbedingungen angelegt, selbst wenn sie nicht den Gesamtstaat betreffen. Auch im kleineren Zuschnitt - z.B. bei der Förderung von Ausbildungsinstitutionen oder der Verbesserung des Verwaltungsmanagements einzelner Gemeinden - beeinflussen sie die allgemeine Situation eines Landes.

Über eine Verbesserung der Verwaltungseffizienz werden auch die wirtschaftlichen Rahmenbedingungen günstig beeinflußt. Eine rechtsstaatliche, an den Prinzipien von Gerechtigkeit und Rechtssicherheit ausgerichtete Verwaltung, die effektiv arbeitet, stellt eine der Grundbedingungen für eine günstige wirtschaftliche Entwicklung dar. Das lehren auch die Erfahrungen aus dem deutsch-deutschen Transformationsprozeß.[28]

---

[28] Vgl. hierzu *R. Pitschas* (Hrsg.): Verwaltungsintegration in den neuen Bundesländern. Berlin 1993; insbes. *K. König*: Die Transformation der öffentlichen Verwaltung: Ein neues Kapitel der Verwaltungswissenschaft. In: *R. Pitschas* (Hrsg.): Verwaltungsintegration in den neuen Bundesländern, a.a.O., S. 29ff., hier S. 32ff..

Wer ernsthaft Konsequenzen aus der TZ-Kritik ziehen will, kommt daher an einer Stärkung der öffentlichen Verwaltung in den Partnerländern nicht vorbei. So wichtig die Rolle von Nichtregierungsorganisationen für die wirtschaftliche, soziale und kulturelle Entwicklung ist, in seinen Kernfunktionen - der politischen Steuerung, der Gewährleistung von innerer und äußerer Sicherheit, der Garantie der Grundrechte, der Verantwortung für die wirtschaftliche und soziale Absicherung der Bürger - ist der Staat unersetzlich. Staatliche Kernaufgaben müssen gegen Privatisierungstendenzen schon deshalb verteidigt werden, weil dieser Bereich einer demokratischen Legitimation bedarf. Im Ergebnis sollten deshalb Bedeutung und Umfang der VZ zunehmen.

Was aber kann die deutsche Verwaltungswissenschaft und -praxis zur VZ beitragen? Eliteschulen vom Standard der französischen ENA besitzt die Bundesrepublik nicht. Die Verwaltungsausbildung konzentriert sich auf eine Grundausbildung, die Führungskräfte werden im Wege der Fortbildung oder allein auf der Grundlage der im Berufsleben gesammelten praktischen Erfahrungen für ihre Aufgaben qualifiziert.

Üblicherweise wird der Inhalt der TZ - wie der der VZ - anhand der Kriterien "komparative Vorteile" und "deutsche Angebotsstärken" bestimmt.[29]

Diese Formel verführt dazu, in die Falle der Angebotsorientierung zu tappen: Der Bedarf im Partnerland muß Ausgangspunkt für die Bestimmung der Inhalte internationaler und bilateraler Kooperation sein; das Angebot eines jeden Gebers begrenzt die Realisierungsmöglichkeiten der Bedarfsbefriedigung. Die Vokabel der „komparativen Vorteile" kennzeichnet den Geberwettbewerb. Wie gut aber ein Geber dabei abschneidet, ist für den Entwicklungsprozeß des Partners unerheblich, der Geberwettbewerb abstrahiert die Probleme, die es zu lösen gilt, und charakterisiert einmal mehr die Egozentrik der Industrieländer des Nordens. Wie typisch die Vernachlässigung des Bedarfs der Partnerländer bei der Bestimmung der VZ / TZ-Inhalte ist, dokumentiert eine neuerliche Studie über Fortbildung auf dem Gebiet des Umweltmanagements: Die Autoren kommen zu dem Schluß, daß es sowohl an Untersuchungen zur

---

[29] Vgl. z.B. *W. Hillebrand / D. Messner / J. Meyer-Stamer*: Im Spannungsfeld von Nachhaltigkeit und Breitenwirksamkeit, a.a.O., S. 11.

Ermittlung des Trainingsbedarfs fehlt, als auch an Evaluierungen, inwieweit Fortbildungsangebote und tatsächlicher Bedarf sich entsprechen.[30]

Eine professionelle und differenzierte Bedarfsanalyse im Partnerland und unter wesentlicher und gleichberechtigter Mitwirkung von regionalen Fachkräften vermeidet, daß das Geberangebot bei Gutachtermissionen lediglich in die Partnerländer verlängert und „vermarktet" wird; sie ist der entscheidende Erfolgsfaktor für TZ-Maßnahmen im allgemeinen und für Fortbildungsprogramme der VZ im besonderen.[31]

Demnach kann auch hier nur annäherungsweise die Eingangsfrage beantwortet werden, weil die Untersuchung der Bedarfssituation in den Partnerländern ausgespart bleibt.

Läßt man sich unter diesen Einschränkungen auf eine Bestimmung des deutschen VZ-Angebots ein, so dominieren Themenschwerpunkte, für die spezifische deutsche Erfahrungen in Akzentuierung zu anderen Industrieländern vorliegen:

- das System der deutschen Kommunalverwaltung,
- Dezentralisierung von Staat und Verwaltung,
- Rechtsstaatlichkeit (z.B. Rechtsschutzsysteme, innerstaatliche Rechtssicherheit, Wirtschaftsrecht, Verwaltungskontrolle),
- Zoll- und Finanzverwaltung,
- Transformation einer Zentralverwaltung in Marktwirtschaft,
- Umweltverwaltung.

Das letztgenannte Feld der bilateralen VZ-Kooperation weist insofern eine Besonderheit auf, als hier keineswegs bereits von einem entwickelten „deutschen System" gesprochen werden kann. Ein jahrzehntelanger gesellschaftlicher Druck in der Bundesrepublik hat zwar zu wesentlichen

---

[30] *K. Horstmann und G. Werner*: Umweltbezogene Fortbildungsangebote in Entwicklungsländern für die Fortbildung von Fach- und Führungskräften aus Umweltverwaltungen und -institutionen. Typoskript. DSE - ZÖV - Gutachten Januar 1995.

[31] *S. Adjibotosoo*: The Human Factor in Development. In: Scandinavian Journal of Development Alternative 1993, S.139.

Verbesserungen der Umweltsituation geführt, dennoch ist das Ziel eines „sustainable Germany" noch in weiter Ferne.

Defizite bestehen insbesondere im Bereich der Implementierung von Politiken und Regelwerken. Gegenstand der VZ sind hier spezielle Erfahrungen, die sich weniger auf feststehende Ergebnisse beziehen als auf die Organisation der Problembearbeitung. Im Zentrum der umweltbezogenen VZ stehen deshalb Prozeßerfahrungen und der gemeinsame Dialog über die Problemlösungsverfahren.

In diesem Kontext stellt sich die Frage, ob der gegenwärtige Trend zur Verwaltungsmodernisierung in Deutschland in die bilaterale VZ-Thematik eingebracht werden kann.[32]

Dagegen spricht schon, daß Deutschland auf dem Gebiet des New Public Management ein Nachzügler ist. Großbritannien und die Niederlande besitzen bei weitem umfangreichere Erfahrungen. Ausländische Erfahrungen stellen aber kaum eine geeignete Basis für einen Dialog mit der deutschen Seite dar. Auch ist fraglich, ob ausländische VZ-Partner die deutsche Verwaltung für die "NPM"-Thematik überhaupt als kompetenten Gesprächspartner akzeptieren.

Zudem wird man einwenden können, daß der Ausgang des deutschen Reformprozesses gegenwärtig noch ungewiß ist und trotz aller Bemühungen mit einem Scheitern enden kann, wie es das Schicksal der Dienstrechtsreform in Deutschland gewesen ist. Wichtige Schritte - wie die Anpassung der normativen dienstrechtlichen und haushaltsrechtlichen Grundlagen an die Reformerfordernisse - stehen noch aus. Es ist zu erwarten, daß sich ein nicht unbeträchtlicher Widerstand formieren wird.

Wer den Schwerpunkt der internationalen Zusammenarbeit als Transferproblem begreift, wird deshalb die oben gestellte Frage verneinen müssen. Wissenstransfer benötigt als Legitimationsgrundlage einen soliden Erfahrungsschatz, der dem deutschen VZ-Angebot Profil und komparative Vorteile vermittelt. Mangels entsprechender gesicherter Erfahrungen kann die aktuelle Reform in ein Transferkonzept nicht integriert werden.

An diesem Punkt die Überlegungen abzubrechen, hieße aber, zu kurz zu springen: Auf vielen Feldern der technischen Zusammenarbeit müssen

---

[32] *C. Reichard*: Internationale Trends im kommunalen Management, a.a.O., S. 3.

wir Abschied nehmen vom Konzept des Wissenstransfers; ihm liegt nämlich die Vorstellung eines "Modellexports" von den Industrie- in die "Entwicklungsländer" zugrunde, die sich aus mehreren Gründen zunehmend als brüchig erweist:

- Die „Wissensschere" zwischen den Industrieländern einerseits und den Partnerländern andererseits schließt sich aufgrund erfolgreicher Ausbildungsprogramme und der Fortschritte der internationalen Kommunikation stetig. Wissen wird zunehmend globalisiert, es reduziert den Bedarf an zusätzlichem Transfer drastisch.

- Das jeweilige Modell der Industrieländer ist selbst häufig defizitär; es funktioniert bislang nur, weil seine Vorteile einseitig den Industrieländern zugute kommen, seine Nachteile jedoch von der gesamten Welt zu tragen sind. Beispiel ist die mit der Energieerzeugung einhergehende Luftverschmutzung: Würden die Rußpartikel dort niedergehen, wo sie erzeugt werden, würden die deutschen Industrieregionen jährlich in einer 2 m hohen Rußschicht versinken.

- Die in den jeweiligen Gesellschaften bestehenden Probleme sind häufig isoliert nicht lösbar, vielmehr verlangen sie zunehmend globale Lösungen. Das gilt für so unterschiedliche Bereiche wie die Klima- oder die Drogenproblematik. Der Treibhauseffekt kann nicht isoliert auf die Vernichtung des tropischen Regenwaldes, der Drogenkonsum nicht allein auf den Coca-Anbau in den südamerikanischen Anden zurückgeführt werden. An die Stelle von Transfermodellen tritt die gemeinsame Erarbeitung globaler Lösungsstrategien.

- Die Zyklen der Wissenserneuerung werden immer kürzer. Plastisch wird dies am Beispiel der menschlichen Fortbewegungsgeschwindigkeit: Ein Reiter legt durchschnittich 20 km in der Stunde zurück, eine Höchstgeschwindigkeit, die über Jahrtausende bis zum Einsatz der Dampflokomotive ab Mitte des 19. Jahrhunderts galt. Dann kletterte die Rekordgeschwindigkeit mit der Erfindung des Flugzeuges und der Raketentechnik exponential; sie beträgt heute ca. 27.000 km/h. Wenn dieses Phänomen richtigerweise auf andere Bereiche übertragen werden kann, z.B. auf die Informationstechnologie - ja auf menschliches Wissen generell -, dann orientiert sich dessen Erneuerungszyklus nicht an der Dauer eines Menschenlebens, nicht an der Lebensarbeitszeit, nicht mehr nach Jahrzehnten, sondern an viel geringeren Zeitspannen. Diese sind letztendlich so kurz, daß es gar nicht mehr zur Herausbildung von "Modellen" kommt.

Damit tritt die Tatsache immer stärker ins Bewußtsein, daß jede Problemlösung, letztlich alles Wissen, passager ist. Umso wichtiger werden deshalb Problemlösungsverfahren. Nicht temporär gültige Ergebnisse, sondern Verhaltensänderungen, soziale Handlungskompetenz und der Erwerb von Prozeßerfahrungen werden zentraler Gegenstand des Lernens. Der Transfer von Ergebniswissen wird stetig abnehmen und durch gemeinsames Prozeßlernen ersetzt werden.

Auch im Zentrum internationaler und bilateraler Kooperation wird künftig immer weniger ein Wissenstransfer stehen als ein ernsthafter Problemdialog. Für diesen Dialog sind Erfahrungen aus einem Veränderungsprozeß wichtig, unabhängig davon, ob der Reformprozeß schließlich erfolgreich verläuft oder nicht. Denn aus Fehlern kann man lernen, welches die Ursachen für Hindernisse und Fehlschläge sind. Erst ein ehrlicher und umfassender Dialog macht die Kooperationspartner gegenseitig glaubwürdig; reine Erfolgsstories tragen eher zum Gegenteil bei. Die Analyse eines Veränderungsprozesses ist für den VZ-Diatog letztlich wichtiger als dessen Ergebnis.

Die eingangs gestellte Frage nach der Integration der aktuellen Verwaltungsmodernisierung in den Themenkatalog der VZ ist damit positiv zu beantworten.

6. Ausblick

Wer selbstkritisch die aktuelle Situation der deutschen VZ - auch im Bereich der Fortbildung - betrachtet, wird eingestehen. daß das Konzept einer gleichberechtigten Verwaltungspartnerschaft bislang nur ausnahmsweise realisiert wird. Die Abkehr vom Wissenstransfer und die Hinwendung zum Dialog, zur gemeinsamen Erarbeitung von Lösungsstrategien, muß erst von der Ebene plakativer Forderungen heruntergeholt und in die Praxis der täglichen Arbeit umgesetzt werden. Für das hier angesprochene Thema der Verwaltungsinnovation wird das von der Zentralstelle für öffentliche Verwaltung der DSE (Deutsche Stiftung für internationale Entwicklung) gegenwärtig unternommen. Bereits im vergangenen Jahr fand eine deutsche Tagung statt, auf der die in diesem Beitrag angeschnittenen Fragen problematisiert wurden. Wenn dort - wie in diesem Beitrag - ein Aufgreifen der Thematik innerhalb der deutschen VZ befürwortet wird, so bedeutet das allerdings nicht, daß dieses mit allen Partnern in allen Regionen möglich wäre. Sehr zweifelhaft ist, ob sich das Thema für den Dialog mit den Staaten südlich der Sahara eignet, in denen als Folge rigoroser Strukturanpassungspolitiken der öffentliche Sektor weitgehend zusammengebrochen ist.[33] In diesen Staaten geht es darum, daß einige der staatlichen Kernaufgaben wahrgenommen werden; New Public Management ist dort ein „Luxusthema", das diese afrikanischen Länder sich auf absehbare Zeit nicht leisten können. Die ZÖV wird das Thema in den Dialog mit fortgeschrittenen lateinamerikanischen Staaten einbringen.

Eine einseitig geberorientierte Themenentwicklung wird dadurch zu vermeiden gesucht, daß das für den Dialog bestimmte Lehr- und Lernmodul nicht in Deutschland, sondern in enger Abstimmung mit den regionalen Partnern in Lateinamerika vorbereitet wird. Ebenso soll die Durchführung der ersten Pilotmaßnahme einer lateinamerikanischen Institution anvertraut werden. Das deutsche Element wird über einzelne Referenten und Dialogteilnehmer eingebracht. Auf diese Weise wollen wir der Vision einer "Verwaltungspartnerschaft" ein Stück näher kommen.

---

[33] Vgl. *M. Dia*: A Governance Approach to Civil Service Reform in Sub-Saharan Africa. World Bank Technical Paper No. 225. Washington 1993.

Ausgewählte Bibliographie zur Verwaltungsmodernisierung

Adamaschek, B.: Grundlagen einer leistungsfähigen Kommunalverwaltung. In: Stadt und Gemeinde 1993, S. 123-127

Aucoin, P.: Contraction, Managerialism and Decentralization in Canadian Government. In: Governance 1988, S. 144-161

Aucoin, P.: Administrative Reform in Public Management: Paradigms, Principles, Paradoxes and Pendulums. In: Governance 1990, S. 115-137

Aucoin, P.: Comment: Assessing Managerial Reforms. In: Governance, 1990, S. 197-204

Auditor General of Canada: Attributes of well-performing organizations. Extract from the 1988 annual report. Canadian Publishing Center. Ottawa 1988

Baden-Württembergisches Innenministerium (Hrsg.): Landessystemkonzept Baden-Württemberg - Statusbericht 1992. Stuttgart 1992

Baden-Württembergisches Staatsministerium (Hrsg.): Möglichkeiten für eine leistungsgerechtere Besoldung im öffentlichen Dienst. Ergebnisse einer Expertenanhörung zur Reform des öffentlichen Dienstrechts am 18.11.1993 in Stuttgart. Stuttgart 1994

Baden-Württembergisches Staatsministerium (Hrsg.): Verwaltungsreform in Baden-Württemberg. Erster Bericht der Regierungskommission Verwaltungsreform. Stuttgart 1993

Banner, G.: Von der Behörde zum Dienstleistungsunternehmen. In: Verwaltungsführung / Organisation / Personal (VOP) 1991, S. 6-11

Banner, G.: Neue Trends im kommunalen Management. In: Verwaltungsführung / Organisation / Personal (VOP) 1994, S. 5-12

Banner, G. und C. Reichard (Hrsg.): Kommunale Managementkonzepte in Europa. Anregungen für die deutsche Reformdiskussion. Köln 1993

Barthel, C.: Innovationsmanagement für die Verwaltungsreform in der Stadtverwaltung Offenbach. In: Die Verwaltung 1994, S. 546-556

Barthel, C.: Lean production. Ein Organisationsentwicklungskonzept für die Kommunalverwaltung. In: Archiv für Kommunalwissenschaften 1994, S. 295-316

Batley, R. und G. Stoker (Hrsg.): Local Government in Europe. Trends and Developments. London 1991

Bayerischer Städtetag (Hrsg.): Unternehmen Stadt. Diskussionspapier. 31. Vollversammlung am 1./2. Juli 1993 in Fürth 1993

Behrens, F. und S. Stöbe: Die Entwicklung von Leitbildern. Ein Instrument der Verwaltungsmodernisierung? In: Verwaltung und Management 1995, S. 29-34

Bertelsmann Foundation: Democracy and Efficiency in Local Government. Volume I: Documentation of the International Research. Gütersloh 1993

Bertelsmann Stiftung (Hrsg.): Demokratie und Effizienz in der Kommunalverwaltung. Band 2. Gütersloh 1994

Bickeböller, H. und A. Förster: Die Kommunalverwaltung als modernes, kundenorientiertes Dienstleistungsunternehmen. Steuerung der öffentlichen Verwaltung. In: Stadt und Gemeinde 1993, S. 136-143

Bischoff, D. und C. Reichard (Hrsg.): Vom Beamten zum Manager? Herausforderungen und Perspektiven der Verwaltungsausbildung. Berlin 1994

Blume, M.: Führung und Steuerung großer Verwaltungen: Kontraktmanagement in den Niederlanden. In: Die Gemeindekasse 1992, S. 129-134, 161-168

Blume, M.: Zur Diskussion um ein neues Steuerungsmodell für Kommunalverwaltungen - Argumente und Einwände. In. Gemeindehaushalt 1994, S. 1-9

Bösenberg, D. und R. Hauser: Der schlanke Staat. Lean-Management statt Staatsbürokratie. Düsseldorf u.a. 1994

Borins, S.: The Encouragement and Study of Improved Public Management. In: International Review of Administrative Science 1991, S. 179-183

Boston, J.: Transforming New Zealand's Public Sector: Labour's Quest for improved Efficiency and Accountability. In: Public Administration 1987, S. 423-442

Boston, J.: Purchasing Policy Advice: The Limits of Contracting Out. In: Governance 1994, S. 1-30

Boyle, R.: Managing Public Sector Performance. A Comparative Study of Performance Monitoring Systems in the Public and Private Sectors. Dublin 1989

Bräunig, D.: Pretiale Steuerung von Kommunalverwaltungen. Neues Management für Städte. Baden-Baden 1994

Brooke, R.: The Enabling Authority. In: Public Administration 1991, S.525-532

Brown, P.: Alternative delivery systems in the provision of social services. In: International Review of Administrative Sciences 1992, S. 201-214

Brückmann, F.: Ein neues Steuerungssystem für die Kommunalverwaltung in Fragen und Antworten. Gießen 1994

Budäus, D.: Public Management. Konzepte und Verfahren zur Modernisierung öffentlicher Verwaltungen. Berlin 1994

Bullinger, M. (Hrsg.): Von der bürokratischen Verwaltung zum Verwaltungsmanagement. Kolloquium des Frankreich-Zentrums an der Albert-Ludwigs-Universität Freiburg i. Br. am 26./27.6.1992. Baden-Baden 1993

Burkhart, H.: Brauchen nur Großstädte ein „neues Steuerungsmodell"? In: Die Gemeinde 1994, S. 141-143

Butler, R.: New Challenges or Familiar Prescriptions. Public Administration 1991, S.363-371

Caiden, G.E.: Administrative Reform - American Style. In: Public Administration Review 1994, S. 123-128

Carter, N.: Performance Indicators. In: Policy and Politics 1989, S. 131-138

Carter, N. und P. Greer: Evaluating Agencies: Next Steps and Performance Indicators. In: Public Administration, 1993, S. 406-416

Cave, M.: Output and Performance Measurement in Government. London 1990

Chandler, J.: Public Administration and Private Management. Is there any Difference? In: Public Administration 1991, S. 385-392

Chapman, R.: Core Public Sector Reform in New Zealand and the United Kingdom. In: Public Money and Management 1989, S. 44-49

Clarke, M. und J. Stewart: From Traditional Management to the New Management in British Local Government. In: Policy Studies Journal 1993, S. 82-93

Cm 1599: Raising the standard: the Citizen's Charter. London: HMSO 1991

Damkowski, W. und C. Precht: Public Management. Neuere Steuerungskonzepte für den öffentlichen Sektor. Stuttgart 1995

Damkowski, W. und C. Precht: Neuere Steuerungsmodelle für die Kommunalverwaltung. In: Verwaltungsführung / Organisation / Personal (VOP) 1994, S. 412-416

Davies, A. und J. Willman: What Next?: Agencies, Departments and the Civil Service. London 1991

Dearing, E.: Das Projekt "Verwaltungsmanagement". Bilanz nach vier Jahren Reformarbeit. In: Verwaltungsführung / Organisation / Personal (VOP) 1994, S. 316-327

Derlien, H.-U.: Public Managers and Politics. In: K. A. Eliassen und J. Kooiman (Hrsg.): Managing Public Organizations. London 1993, S. 34-44

Deutscher Städtetag (Hrsg.): 10 Thesen zur Verwaltungsmodernisierung. Beschluß des Präsidiums des Deutschen Städtetages vom 7. November 1994. In: Der Städtetag 12/1994, S. 825

Dieckmann, J.: Unternehmen Stadt. Herausforderung an die Kommunalpolitik. In: Gemeindehaushalt 1993, S. 121-125

Domberger, S. und D. Hensher: On the Performance of Competitively Tendered Public Sector Cleaning Contracts. In: Public Administration 1993, S. 441-454

Dreyer, S.: Lean Administration in der öffentlichen Verwaltung - ein kurzer Abriß. Bonn 1993

Dunsire, A., K. Hartley, D. Parker und B. Dimitriou: Organizational Status and Performance: A Conceptual Framework for Testing Public Choice Theories. In: Public Administration 1988, S. 363-388

Eichert, C.: Tilburg als Rettungsanker? Bemerkungen zu einem aktuellen Thema. In: Kommunalpraxis 1994, S. 123-125

Elling, R.C.: Public Management in the States: A Comparative Study of Administrative Performance and Politics. Westport 1992

Ellwein, T.: Das Dilemma der Verwaltung. Verwaltungsstruktur und Verwaltungsreformen in Deutschland. Mannheim 1994

Endres, A.: Der Bürgermeister als Kommunalmanager. In. Das Rathaus 1994, S. 412-415

Enquete-Kommission: Schlußbericht der Enquete-Kommission zur Verwaltungsreform vom 30.5.1994. Drucksache 9/1829 des Abgeordnetenhauses von Berlin vom 21.6.1984

Fairbanks, F. und R. Dumont du Voitel: Phoenix, Arizona (USA), Unternehmenskonzept des kommunalen Managements. Heidelberg 1993

Ferlie, E.: The Creation and Evolution of Quasi Markets in the Public Sector:early evidence from the National Health Service. In: Policy and Politics 1994, S. 105-112

Finley, L. (Hrsg.): Public Sector Privatization: Alternative Approaches to Service Delivery. New York 1989

Fletcher, C. und C. Walsh: Reform of Intergovernmental Relations in Australia: The Politics of Federalism and The Non-Politics of Managerialism. In: Public Administration 1992, S. 591-616

Frey, H.-E.: Agonie des Bürokratiemodells? Wo fehlt der politische Wille, wo hemmen Vorschriften die Reform des öffentlichen (kommunalen) Sektors? In: Die Gemeinde 1994, S. 307-313

Fritsch, R. (Hrsg.): Reformen statt Ruinen. Anstöße zur Modernisierung der Verwaltung in Städten und Gemeinden. Dokumentation einer Arbeitstagung, Hauptabteilung Gemeinden der Gewerkschaft ÖTV, Dezember 1993. Stuttgart 1994

Gnamm, J. und M. Block: Neue Organisationsstrukturen in der kommunalen Verwaltung. Verwaltungshandeln nach den Grundprinzipien der Fraktalen Organisation. In: Verwaltungsorganisation 1995, S. 10-17

Göck, R.: Führungskräftefortbildung. Konzept und Umsetzung am Beispiel der Führungsakademie Baden-Württemberg und des Führungskollegs Speyer. Baden-Baden 1993

Gößler, G.: Erfolgreiche Behörden. Eine empirische Untersuchung des Rechnungshofs Baden-Württemberg über Erfolgsmerkmale. In: Verwaltungsarchiv 1995, S. 152-171

Goodsell, C.T.: Reinvent Government or Rediscover it? In: Public Administration Review 1993, S. 85-87

Gray, A. und B. Jenkins: From Public Administration to Public Management: Reassessing a Revolution? In: Public Administration 1995, S. 75-99

Gray, J. und R. Dumont du Voitel: Christchurch - Neuseeland. Fallbeispiel einer erfolgreichen Reform im öffentlichen Management. Heidelberg 1993

Greer, P.: The Next Steps Initiative: An Examination of the Agency Framework Documents. In: Public Administration 1992, S. 89-98

Gröhler, L.: Erfahrungen mit neuem Steuerungsmodell im Landkreis Oberhavel. In: Verwaltungsorganisation 1995, S. 17-21

Gulick, L.: Reflections on Public Administration. Past and Present. In: Public Administration Review 1990, S. 599-603

Hablützel, P.: New Public Management. Ein Verwaltungsreformkonzept für die Schweiz? In: Verwaltungsführung / Organisation / Personal (VOP) 1995, S. 142-147

Hager, G.: Führungskräftefortbildung im föderalen Vergleich. In: Verwaltungsführung / Organisation / Personal (VOP) 1994, S. 56-60

Hauschild, C.: Die Modernisierung des öffentlichen Dienstes im internationalen Vergleich. In: Verwaltungsarchiv 1991, S. 81-109

Heinz, W.: Prinzipien der Wirtschaft halten Einzug. Zur Veränderung städtischer Entwicklung und städtischer Verwaltung. In: Städtetag 9/1992, S. 631-634

Herten, Stadtdirektor (Hrsg.): Einführung eines neuen Steuerungsmodells in einer Mittelstadt im Ruhrgebiet. Erfahrungen nach einem Jahr der Neuorganisation. Herten 1994

Hill, H. (Hrsg.): Qualitäts- und erfolgsorientiertes Verwaltungsmanagement. Aktuelle Tendenzen und Entwürfe. Vorträge und Diskussionsbeiträge der 61. Staatswissenschaftlichen Fortbildungstagung 1993 der Hochschule für Verwaltungswissenschaften Speyer. Berlin 1993

Hill, H. und H. Klages (Hrsg.): Spitzenverwaltungen im Wettbewerb. Eine Dokumentation des 1. Speyerer Qualitätswettbewerbs. Baden-Baden 1993

Hill, H. und H. Klages (Hrsg.): Qualitäts- und erfolgsorientiertes Verwaltungsmanagement. Aktuelle Tendenzen und Entwürfe. Berlin 1993

Hirschfelder, R. und E. Lessel: Steuerung durch Qualität. Das Saarbrükker Total Quality Management-Programm. In: Verwaltungsführung / Organisation / Personal (VOP) 1994, S. 352-358

Hoffjan, A.: Qualitätsmanagement in der öffentlichen Verwaltung. In: Verwaltungsrundschau 1994, S. 7-10

Hofmann, M. / K. Zapotoczky / H. Strunz (Hrsg.): Gestaltung öffentlicher Verwaltungen. Heidelberg 1993

Hoggett, P.: A New Management in the Public Sector? In: Policy and Politics 1991, S. 243-256

Hood, C. u.a.: Rolling Back the State: Thatcherism, Fraserism and Bureaucracy. In: Governance 1988, S. 243-270

Hood, C.: A Public Management for All Seasons? In: Public Administration 1991, S. 3-19

Hood, C. und M.W. Jackson: Administrative Argument. Eldershot/Dartmouth 1991

Jabes, J. u.a.: Managing in the Canadian and Australian public sectors: a comparative study of the vertical solitude. In: International Review of Administrative Sciences 1992, S. 5-21

Jann, W.: Moderner Staat und effiziente Verwaltung. Zur Reform des öffentlichen Sektors in Deutschland. Gutachten (hrsg. von der Friedrich-Ebert-Stiftung). Bonn 1994

Janning, H.: Das Modell Soest. Der Umbau der Kommunalverwaltung auf Kreisebene. Berlin 1994

Janning, H.: Rahmenbedingungen neuer Steuerungsmodelle und dezentraler Organisationsstruktur in der Kommunalverwaltung. In: Verwaltungsführung / Organisation / Personal (VOP) 1994, S. 239-245

Janning, H.: Schlanke Verwaltung- Ein Thesenpapier. In: Verwaltungsrundschau 1994, S. 24-26

Janning, H. und R. Helle: Das Soester Modell. Personal- und Organisationsentwicklung unter besonderer Berücksichtigung dezentraler Ressourcen- und Ergebnisverantwortung. In: Verwaltungsführung / Organisation / Personal (VOP) 1995, S. 2-16

Johannsen, D.: Die kommunale Verwaltungsmodernisierung im Spiegel des deutschen Haftungsrechts. In: Städte- und Gemeinderat 12/1994, S. 411-418

Johnson, N.: Der Civil Service in Großbritannien: Tradition und Modernisierung. In: DÖV 1994, S. 196-200

Jon, P.: Legitimacy, Institutional Change, and the Politics of Public Administration in Sweden. In: International Political Science Review 1993, S. 387-401

Kemp, P.: Next Steps for the British Civil Service. In: Governance 1990, S. 186-196

Kettl, D.: Beyond the Rhetoric of Reinvention: Driving Themes of the Clinton Administration's Management Reforms. In: Governance 1994, S. 309-314

KGSt: Dezentrale Ressourcenverantwortung: Überlegungen zu einem neuen Steuerungsmodell. KGSt-Bericht 12/1991

KGSt: Das neue Steuerungsmodell: Begründung, Konturen, Umsetzung. KGSt-Bericht 5/1993

KGSt: Wege zum Dienstleistungsunternehmen Stadtverwaltung. Fallstudie Tilburg. KGSt-Bericht 19/1992

Kirchhof, R. und R. Overath: Handlungsansätze und Vorstellungen zur Neustrukturierung der Stadtverwaltung Herne. In: Kommunalpraxis 2/1995, S. 39-41

Klages, H.: Modernisierungsperspektiven der öffentlichen Verwaltung. In: *J. Goller / H. Maack / B. Müller-Hedrich* (Hrsg.): Verwaltungsmanagement. Stuttgart 1992

Klages, H.: Grundsätze und Erfordernisse einer grundlegenden Erneuerung und Modernisierung der öffentlichen Verwaltung. In: *J. Goller / H. Maack / B. Müller-Hedrich* (Hrsg.): Verwaltungsmanagement. Stuttgart 1994

Klages, H.: Grundsätze und Erfordernisse einer grundlegenden Erneuerung und Modernisierung der öffentlichen Verwaltung. In: Die neue Verwaltung 4/1994, S. 17-20

Klages, H.: Wie sieht die Verwaltung der Zukunft aus? In: Verwaltungsrundschau 1/1995, S. 1-7

Klimecki, R. und W. Habelt: Führungskräfteentwicklung in öffentlichen Verwaltungen. In: Verwaltung und Fortbildung 1993, S. 55-115

Klotz, E. und S. Mauch: Personalmanagement in Baden-Württemberg. Die Implementierung einer Konzeption in der Landesverwaltung. In: Verwaltungsführung / Organisation / Personal (VOP) 1994, S.232-238, 336-346, 1995 S.28-31, 116-119, 179-181, 210-220

Klümper, B. (Hrsg.): "Konzern Stadt" - Dezentralisierung der Ressourcenverwaltung. Ergebnisse zweier Workshops von 1993. Erfurt 1994

Koch, R.: Senior Civil Servants as Entrepreneurs. Towards the Impact of New Public Management Concepts on Personnel Management. Nr. 26 der Beiträge zur Verwaltungswissenschaft. Universität der Bundeswehr, Institut für Verwaltungswissenschaft. Hamburg 1994

Koch, R. und B. Kosub: Lean Management als Wegweiser für Verwaltungsreformen? In: Verwaltung und Fortbildung 1994, S. 209-224

Kölz, H.: Eine Kommune ist kein Konzern. Gedanken zur Diskussion über die Umgestaltung des Gemeindewirtschaftsrechts. In: Die Gemeinde 5/1994, S. 143-146

König, H.: Verwaltungssteuerung. In: Verwaltungsorganisation 11-12/1994, S. 9-11

König, K.: Entwicklungsverwaltung und Verwaltungstransformation im internationalen Dialog. In: Die Öffentliche Verwaltung 1994, S. 856-862

König, K.: „Neue Verwaltung" oder Verwaltungsmodernisierung: Verwaltungspolitik in den neunziger Jahren. In: Die Öffentliche Verwaltung 1995, S. 349-358

König, K.: Entrepreneurial or Executive Management - the Perspective of Classical Public Administration. Paper presented to the Annual Conference of EGPA, Erasmus University, Rotterdam, September 1995

Kooiman, J. (Hrsg.): Modern Governance. London 1993

Kooiman, J. und K. A. Eliassen (Hrsg.): Managing Public Organizations. London 1987

Krähmer, R.: Das Tilburger Modell der Verwaltungsorganisation und Verwaltungsführung (hrsg. von der Sozialdemokratischen Gemeinschaft für Kommunalpolitik im Lande Nordrhein-Westfalen). Düsseldorf 1992

Krähmer, R.: Das Konzernmodell der Verwaltungsorganisation und Verwaltungsführung. In: Verwaltungsrundschau 12/1993, S. 415-422

Krähmer, R.: Die Verwaltungsreform in der niederländischen Stadt Tilburg. In: Zeitschrift für Kommunalfinanzen 1993, S. 50-55, 78-83

Landry, R.: Administrative Reform and Political Control in Canada. In: International Political Science Review 1993, S. 335-349

Lantinga, H.: Auf dem Weg zum Dienstleistungsunternehmen in der Kommunalverwaltung. Erfolg durch Neuentwicklung und Veränderung der Organisationsstrukturen. Zeigen die Holländer den Weg? In: Die Gemeinde 5/1994, S. 138-140

Laux, E.: Randbemerkung: Unternehmen Stadt? In: Die öffentliche Verwaltung 1993, S. 523-524

Laux, E.: Die Privatisierung des Öffentlichen: Brauchen wir eine neue Kommunalverwaltung? - Visionen und Realitäten neuer Steuerungsmodelle. In: Der Gemeindehaushalt 1994, S. 169-174

Laux, E. und R.D. Abel: Stadtmanagement. Das Beispiel Stuttgart. Ergebnisse einer Untersuchung zur Verbesserung der Steuerung einer großstädtischen Verwaltung (hrsg. von der WIBERA AG, Düsseldorf). Düsseldorf 1993

Liesenfeld, J. und K. Loss: Modellprojekte in der öffentlichen Verwaltung Nordrhein-Westfalens. Erfahrungen und Ansatzpunkte. Düsseldorf 1993

Liesenfeld, J. und K. Loss: Die Modernisierung von Stadt- und Gemeindeverwaltungen in den 80er Jahren. In: WSI-Mitteilungen 7/1993, S. 448-455

Lingnau, H.: Lean administration als Konzept. Thesen zur Reform öffentlicher Verwaltungen in Afrika südlich der Sahara. In: E+Z 1995, S. 192-195

Mascarenhas, R.C.: State Intervention in the Economy: Why is the United States Different from other Mixed Economies? In: Australian Journal of Public Administration 1992, S. 385-397

Mascarenhas, R.C.: Building an Enterprise Culture in the Public Sector: Reform of the Public Sector in Australia, Britain and New Zealand. In: Public Administration Review 1993, S. 319-328

Meixner, H.E.: Bausteine neuer Steuerungsmodelle. Mitarbeiter zu Mitdenkern und Mitgestaltern gewinnen. Rostock und Bornheim-Roisdorf 1994

Metcalfe, L. und S. Richards: Improving Public Management. London 1987

Metzen, H.: Schlankheitskur für den Staat. Lean Management in der öffentlichen Verwaltung. Frankfurt a.M. und New York 1994

Meyer, C.K. und C.H. Brown: Practising Public Management. New York 1989

Miller, M.: Bemerkungen zur betriebswirtschaftlichen Modernisierung der öffentlichen Verwaltung. In: Deutsche Verwaltungs-Praxis 1994, S. 278-289

Milne, R.: Contractors' Experience of Compulsory Competitive Tendering: A Case Study of Contract Cleaners in the NHS. In: Public Administration 1993, S. 301-321

Mitchell, J.: Education and Skills for Public Authority Management. In: Public Administration Review 1991, S. 429-437

Mitschke, J.: Wirtschaftliches Staatsmanagement, Baden-Baden 1991

Moe, R.C.: The „Reinventing Government" Exercise: Misinterpreting the Problem, Misjudging the Consequences. In: Public Administration Review 1994, S. 111-122

Moe, R.C. und R.S. Gilmore: Rediscovering Principles of Public Administration: The Neglected Foundation of Public Law. In: Public Administration Review 1995, S. 135 ff.

Montin, S.: Recent Trends in the Relationship Between Politics and Administration in Local Government: The Case of Sweden. In: Local Government Studies 1992, S. 31-43

Mundhenke, E.: Zukunftsaspekte der Verwaltungsausbildung. Fachhochschulen für Öffentliche Verwaltungen im Umbruch. In: Verwaltungsführung / Organisation / Personal (VOP) 1993, S. 82-85

Nalbandian, J.: Reflections of a "Pracademic" on the Logic of Politics and Administration. In: Public Administration Review 1994, S. 531-536

Naschold, F.: Den Wandel organisieren. Erfahrungen des schwedischen Entwicklungsprogramms „Leitung - Organisation - Mitbestimmung" -LOM - im internationalen Wettbewerb. Berlin 1992

Naschold, F.: Modernisierung des Staates. Zur Ordnungs- und Innovationspolitik des öffentlichen Sektors. Berlin 1993

Naschold, F. und M. Pröhl (Hrsg.): Produktivität öffentlicher Dienstleistungen. Dokumentation eines wissenschaftlichen Diskurses zum Produktivitätsbegriff. Gütersloh 1994

Naschold, F. und M. Pröhl (Hrsg.): Produktivität öffentlicher Dienstleistungen. Band 2. Gütersloh 1995

Naschold, F.: Ergebnissteuerung, Wettbewerb, Qualitätspolitik. Entwicklungspfade des öffentlichen Sektors in Europa. Berlin 1995

Naschold, F. u.a.: Neue Städte braucht das Land. Public Governance: Strukturen, Prozesse und Wirkungen kommunaler Innovationsstrategien in Europa. Eine Projektskizze. WZB, Berlin 1994

National Audit Office: The Next Steps Initiative: Report of the Controller and Auditer General. London 1989

Newland, C.A.: A Field of Strangers in Search of a Discipline. Separatism of Public Management Research from Public Administration. In: Public Administration Review 1994, S. 486-488

OECD: Public Management Developments. Survey 1990. Paris 1990

OECD: Schwerpunkte neuer Entwicklungen im internationalen Verwaltungsmanagement 1989/90. In: Verwaltung und Fortbildung 1991, S. 124-143

OECD: Public Management Developments. Survey 1993. Paris 1993

OECD: Public Management: OECD Country Profiles. Paris 1993

OECD: Managing with Market-Type Mechanisms. Paris 1993

OECD: Pay Flexibility in the Public Sector. Paris 1993

OECD: Performance Management in Government: Performance Measurement and Results-oriented Management. Paris 1994

OECD: Trends in Public Sector Pay: A Study of nine OECD Countries 1985-1990. Paris 1994

OECD: Senior Civil Service Pay: A Study of eleven OECD Countries 1980-1991. Paris 1994

Oechsler, W.: Human Resource Management im öffentlichen Dienst der USA. Bestandsaufnahme der Civil Service Reform. Universität Bamberg 1992

Olsen, J.P.: Modernization Programs In Perspective: Institutional Analysis of Organizational Change In: Governance 1991, S. 125-149

Ormond, D.: Improving Government Performance. In: The OECD Observer 1993, S. 4-8

Osborne, D. und T. Gaebler: Reinventing Government. How the Entrepreneurial Spirit is Transforming the Public Sector. Reading 1992

Ossadnik, W.: Entwicklung eines Controlling für die öffentliche Verwaltung. In: Die Verwaltung 1993, S. 57-68

Perry, J. und T. Miller: The Senior Executive Service: Is It Improving Managerial Performance? In: Public Administration Review 1991, S. 554-563

Peters, B.: Government Reorganization: A Theoretical Analysis. In: International Political Science Review 1992, S. 199-217

Pfeiffer, U. u.a.: Modernisierung des Staates als politische Daueraufgabe. Gutachten (hrsg. von der Friedrich-Ebert-Stiftung). Bonn 1992

Pippke, W.: Fachhochschulen für öffentliche Verwaltung im Wandel. In: Verwaltungsrundschau 1994, S. 289-295

Pitschas, R.: Aspects of Max Webers Theory on Bureaucracy and New Public Management Approach. In: The Indian Journal of Public Administration 1993, S. 643-651

Pitschas, R.: Jugendhilfe im „Unternehmen Stadt". In: Verwaltungsführung / Organisation / Personal (VOP) 1994, S. 13-15

Plate, K.: Dienstleistungsunternehmen Stadtverwaltung. Verwaltungsreform in Heidelberg. In: Die neue Verwaltung 2/1995, S. 14-16

Pollitt, C.: Doing Business in the Temple? Managers and Quality Assurance in the Public Services. In: Public Administration 1990, S. 435-452

Pollitt, C.: Managerialism and the Public Services, The Anglo - American Experience. Cambridge 1993

Polubinski, M.: Die neue Steuerung. Modell Herten. In: Zentralblatt für Jugendrecht 6/1994, S. 267-270

Prager, J.: Contracting Out Government Services: Lessons from the Private Sector. In: Public Administration Review 1994, S. 176-184

Premfors, R.: The "Swedish model" and Public sector Reform. In: West European Politics 1991, S. 83-95

Rago, W.: Adapting Total Quality Management (TQM) to Government: Another Point of View. In: Public Administration Review 1994, S. 61-64

Raupp, J.: Tilburg - das Mekka der Verwaltungsreformen. In: Die Gemeinde 19/1994, S. 665-666

Rechnungshof Baden-Württemberg: Erfolgreiche Behörden, eine empirische Untersuchung über Erfolgskriterien. April 1994

Reichard, C.: Auf dem Wege zu einem neuen Verwaltungsmanagement. In: *J. Goller/ H. Maack / B. Müller-Hedrich* (Hrsg.): Verwaltungsmanagement .Stuttgart 1992

Reichard, C.: Internationale Trends im kommunalen Management. In: *G. Banner. und C. Reichard* (Hrsg.): Kommunale Managementkonzepte in Europa. Köln 1993, S. 3-24

Reichard, C.: Umdenken im Rathaus. Neue Steuerungsmodelle in der deutschen Kommunalverwaltung. Berlin 1994

Reichard, C.: „Public Management" - ein neues Ausbildungskonzept für die deutsche Verwaltung. In: Verwaltungsführung / Organisation / Personal (VOP) 1994, S. 178-184

Reichard, C.: Internationale Ansätze eines "New Public Management". In: *M. Hofmann und A. Al-Ani* (Hrsg.): Neue Entwicklungen im Management. Heidelberg 1994, S. 135-164

Rein, B.: Neues Steuerungsmodell, Budgetierung, dezentrale Ressourcenverantwortung. Fünf Thesen zu einem Phänomen. In: Die Gemeinde 24/1994, S. 811-812

Reinermann, H.: Die Krise als Chance. Wege innovativer Verwaltungen. Speyer 1994

Reinermann, H.: Ein neues Paradigma für die öffentliche Verwaltung? Was Max Weber heute empfehlen dürfte (hrsg. von der Hochschule für Verwaltungswissenschaften Speyer). Speyer 1993

Reinermann, H.: Marktwirtschaftliches Verhalten in der öffentlichen Verwaltung. Ein Beitrag aus Sicht der Verwaltungsinformatik (hrsg. von der Hochschule für Verwaltungswissenschaften Speyer). Speyer 1992

Reinermann, H.: Chancen in der Krise. Wege innovativer Verwaltungen. In: Verwaltungsorganisation 11-12/1994, S. 6-8

Rhodes, R.: Beyond Westminster and Whitehall. London 1992

v. Richthofen, D.: Verwaltungsmodernisierung in deutschen Städten durch Aus- und Weiterbildung. In: Zeitschrift für Beamtenrecht 1990, S. 70-75 *v. Richthofen, D.*: Auf dem Weg zum öffentlichen Manager? Neuere Entwicklungen in der Ausbildung für das mittlere Management der Kommunalverwaltung. In: Der Städtetag 1993, S. 589-592

Ridley, F.F.: Die Wiedererfindung des Staates - Reinventing British Government - Das Modell einer Skelett-Verwaltung. In: Die Öffentliche Verwaltung 1995, S. 569-578

Röber, M.: Auf der Suche nach betriebswirtschaftlich orientierten Anreizsystemen in neueren Konzepten zur Verwaltungsreform. In: *G. Schanz* (Hrsg.): Handbuch „Anreizsysteme in Wirtschaft und Verwaltung". Stuttgart 1991, S. 1103-1128

Röber, M.: Towards Public Managers in Germany? In: *J. Barlow / D. Farnham / S. Horton / A. Hondeghem*: The New Public Managers in Europe: Public Servants in Transition. London 1996 (im Druck)

Röber, M.: Eine neue Verwaltung für die Hauptstadt? Verwaltungsreform in Berlin zwischen Anspruch und Wirklichkeit. In: *W. Süß* (Hrsg.): Hauptstadt BERLIN. Band 3: Metropole im Umbruch. Berlin 1996 (im Druck)

Ronban, L.: France in Search of a New Administrative Order. In: International Political Science Review 1993, S. 403-418

Ruschmeier, L.: Die bürgernahe Leistungsverwaltung im Spannungsfeld wachsender Anforderungen und knapper Ressourcen. Das neue Steuerungssystem der Stadt Köln. In: Stadtforschung und Statistik 2/1993, S. 12-16

Ryynänen, A.: Die Stärkung der Kommunalen Selbstverwaltung in Finnland - aktuelle Reformen. In: Archiv für Kommunalwissenschaften 1994, S. 114-124

Sauter, E.: Zur Relativierung des Steuerungsmodells. In: Das Rathaus, 1/1995, S. 12-13

Schedler, K.: Anreizsysteme in der öffentlichen Verwaltung. Bern / Stuttgart / Wien 1993

Schiller-Dickhut, R.: Konzern Stadt Tilburg. Die Übertragung betriebswirtschaftlicher Rezepte auf die öffentliche Verwaltung. In: Alternative Kommunalpolitik 2/1993, S. 53-57

Schleswig-Holsteinischer Landtag: Bericht der Enquete-Kommission zur Verbesserung der Effizienz der öffentlichen Verwaltung. Drucksache 13/2270 vom 2.11.1994

Schrijvers, A.P.M.: The management of a larger town. In: Public Administration 1993, S. 595-603

Scott, G. / P. Bushnell / N. Sallee: Reform Of The Core Public Sector: New Zealand Experience In: Governance 1990, S. 138-167

Seneviratne, M. und S. Cracknell: Consumer Complaints in Public Sector Services. In: Public Administration 1988, S. 181-193

Skulimma, K.: Praktische Ansätze zur Leistungssteigerung in der öffentlichen Verwaltung. In: Verwaltungsführung / Organisation / Personal (VOP) 1995, S. 172-178

Steger, U. (Hrsg.): Lean Administration. Die Krise der öffentlichen Verwaltung als Chance. Frankfurt a. M. 1994

Stevens, J.: Strategic Public Administration and Management. In: Public Administration Review 1992, S. 204-207

Stewart, J. und M. Clarke: The Public Service Orientation: Issues and Dilemmas. In: Public Administration 1987, S. 161-177

Stewart, J. und S. Ranson: Management in the Public Domain. In: Public Money and Management 1988, S. 13-19

Stewart, J. and K. Walsh: Change in the Management of Public Services. In: Public Administration 1992, S. 499-518

Stock, H.: Der Einsatz neuer Steuerungsinstrumente in der Staatsverwaltung. In: Deutsche Verwaltungspraxis 8/1994, S. 315-320

Strehl, F. (Hrsg.): Managementkonzepte für die öffentliche Verwaltung. Wien 1993

Swiss, J.: Adapting Total Quality Management (TQM) to Government. In: Public Administration Review 1992, S. 356-362

Talkenberg, F.: Trendwende in der öffentlichen Verwaltung. Ein Gebot der Zeit.. In: Die neue Verwaltung 2/1995, S. 18-20

Tebbe, G.: Verwaltungsmanagement der Zukunft. Rostock 1994

Tomkys, R.: The Financial Management Initiative in the FCO. In: Public Administration 1991, S.257-263

Tops, P. und P. Depla: Local Politics in the Netherlands: Citizen's Views and Strategies for Modernisation. In: Local Government Studies 1994, S. 95-112

Ventriss, C.: The Challenges of Public Service: Dilemmas, Prospects, and Options. In: Public Administration Review 1991, S. 275-279

Verwaltung 2000: Strategisches Personalmanagement für die Landesverwaltung Baden-Württemberg. Schriftenreihe der Stabsstelle Verwaltungsstruktur, Information und Kommunikation (hrsg. vom Innenministerium Baden-Württemberg). Band 11. Stuttgart 1993

Walther, H.: Konzepte der Führungskräfteentwicklung in der öffentlichen Verwaltung. In: Verwaltungsarchiv 1991, S. 54-80

Widder, G.: Verwaltung 2000. Die Kommunalverwaltung im Wandel. In: Möglichkeiten für eine leistungsgerechtere Besoldung im öffentlichen Dienst. Ergebnisse einer Expertenanhörung zur Reform des öffentlichen Dienstrechts am 18.11.1993 in Stuttgart (hrsg. vom Staatsministerium Baden-Württemberg). Stuttgart 1994

Wind, F. und K. Deckert: Das Neue Steuerungsmodell realisieren. Einwohner- und Meldewesen. In: Städte- und Gemeinderat 2/1995, S. 56-60

Wistrich, E.: Restructuring Government New Zealand Style. In: Public Administration 1992, S. 119-135

Wolters, G.J.: Das Tilburger Modell. Leistungsorientierte Steuerung der niederländischen Verwaltungen und der Kameralistik. In: Gemeindehaushalt 10/1992, S. 217-218

Wollmann, H. und C. Reichard (Hrsg.): Kommunalverwaltung im Modernisierungsschub. Basel 1996

World Bank: Governance and Development. Washington 1992

Zavelberg, H.: Lean Management- ein methodischer Ansatz für mehr Effizienz und Effektivität in der öffentlichen Verwaltung? In: Die Öffentliche Verwaltung 1994, S. 1040-1043